ㄴ. . 대한 관련주 투자 가이드

본주의 여행자를 위한 가이드북

미국 대선 관련주
투자 가이드

효라클(김성효) 지음

트럼프 vs 해리스

★★★
초판 한정
효라클 네프콘
할인 쿠폰

★★★
책 속 부록
국내 미대선
관련주 77종목

★★★
전자책
경제경영분야 1위
베스트셀러

잇콘
itcon

목차

제3장 | 카멀라 해리스

제4장 | 그리고 중국

들어가며

이번 여름 방학도 다 날아갔네

■ ■

해마다 여름 방학이 다가오면 여행 계획을 세우곤 한다. 예전에 현대자동차에서 근무했을 때에는 여름휴가 계획을 미리 세워놓고 상반기를 그 기대감으로 버티곤 했다. 그리고 여름휴가를 다녀오면 다시 추석을 기다리며 회사 생활을 했다. 교수가 되고부터 여름 방학을 앞두고 더 많은 계획을 세우게 됐다. 하지만 한 번도 제대로 여행을 떠나본 적이 없다. 여름방학 때만 되면 귀신같이 일감이 몰려들기 때문이다. 세상이 내 방학을 기다린 것도 아닐 텐데 매년 신기할 따름이다.

올해의 여름 방학을 날려준 것은 바로 도널드 트럼프이다. 방학이 시작되고 그동안 미뤄 둔 유튜브 촬영을 열심히 하던 2024년 7월 14일, 트럼프가 연설 중 총에 맞아 부상을 당했다는 속보가 전해졌다. 그 순간 머릿속에는 온갖 관련주들이 떠올랐다. 떠오르는 대로 「효라클 네이버 프리미엄콘텐츠」 채널에 죽 써서 올렸더니 며칠 만에 반응이 왔다. 그리고 출판사에서 이 내용으로 원고를 쓸 수 있겠냐는 연락이 왔다. 내 여름방학이 날아가는 순간이었다.

어차피 미국 대선 관련 내용을 2학기 때 수업 자료로 쓰려면 교안을 만들어야 되긴 한다. 이왕 만들 거 책으로도 만들자는 생각에 흔쾌히 수락했다. 유난히 무덥고 비가 갑자기 쏟아졌다 그치기를 반복했던 올여름을 이 책을 쓰는 데 온전히 쏟아부었다. 집필을 핑계로 시원한 곳에 계속 있어서 좋기도 했다. 내 여름 방학 여행은 이번에도 날아갔지만, 우리 학생들뿐만 아니라 더 많은 사람들이 이 책을 통해 미국 대선 관련주를 알게 된다면 아쉬움은 없을 것이다.

요즘은 인공지능 프로그램인 챗GPT를 이용해서 쉽게 책을 쓴다기에, 나도 챗GPT에 "트럼프가 대통령이 되면 어떤 한국 주식이 오르겠느냐"라고 물어봤다. 다음과 같은 대답이 돌아왔다.

"도널드 트럼프가 미국 대통령에 재선될 경우, 한국 주식 시장에서 상승할 가능성이 있는 주식은 다음과 같은 섹터와 관련이 있을 수 있습니다. 이는 트럼프의 정책 방향과 관련된 영향을 반영한 것입니다. *(이하 생략)*"

그러면서 방위산업, 반도체 및 전자, 자동차, 철강 및 화학, 에너지 및 자원, IT 및 통신 등 다양한 분야에 대한 간단한 설명 및 대표 종목을 나열해 주었다. 그렇다면 새롭게 민주당 후보가 된 카멀라 해리스가 대통령이 되면 어떨까? 이에 대해서 챗GPT는 신재생 에너지, IT 및 기술, 헬스케어 및 바이오, 자동차, 반도체, 인프라 및 건설 분야의 상승을 예측했으며, 각 분야의 대표적인 종목 역시도 나열해 주었다. 그리고 이런 경고문을 붙이는 것도 잊지 않았다.

"이러한 예측은 일반적인 경향을 바탕으로 한 것이며, 실제 시장 반응은 다양한 요인에 의해 달라질 수 있습니다. 주식 투자는 항상 위험이 따르므로, 투자 결정을 내리기 전에 다양한 정보를 충분히 검토하고 전문가의 조언을 받는 것이 좋습니다."

인공지능의 발전 속도를 보니 얼마 후엔 내가 이런 책을 쓸 필요도 없어질 거라는 생각이 든다. 지식 전달이라는 측면에서만 보자면 대학 교수도 필요 없는 직업 중 하나가 될 것이다. 하지만 다행히도(?) 맞는 내용 가운데에 틀린 내용도 들어 있는 걸 보니 아직은 내가 할 일이 남아있다는 생각이 든다.

인간의 영역에서 열심히 노력하는 나를 응원해 주시는 「효라클 네이버 프리미엄콘텐츠」 구독자 여러분에게 깊은 감사를 표한다. 재미없는 영상이라도 꾸준히 봐주시고 '좋아요'를 눌러주시는 유튜브 채널 「부자탐사대」 구독자 여러분에게도 감사하다는 말을 하고 싶다. 부족한 나를 데리고 늘 최고의 영상을 만드는 신의 손 김정민 PD가 아니었다면 지금의 나는 없었을 것이다. 또, 함께 최고의 콘텐츠를 만들기 위해 불철주야 노력하는 「투자고수의 비밀노트」 집필진 여러분 - 오래임장, 집이두채, 싱그레, 깨깨부, 양쇼 님 - 도 언제나

내가 지치지 않도록 용기를 주고 있다.

　내가 새로운 모임을 제안하면 마다하지 않고 흔쾌히 도전해 보자고 하는 '넷플연가'의 박고운 님도 큰 힘이 되었다. 모임이 개설되면 먼 길을 마다하지 않고 와주시는 분들도 감사하다. 마지막으로 부족한 나의 글을 보고 선뜻 출간을 제안한 잇콘출판사 신동익 대표에게 책을 많이 팔아서 보답하고 싶다.

2024년 여름
효라클

들어가며

제1장

한국증시에 찾아온
오랜만의 기회

한국주식은 왜 이렇게 안 오를까

■ ■

요즘 "한국주식 탈출은 지능 순"이라는 조롱 섞인 우스갯소리를 자주 듣게 된다. 미국주식은 쭉쭉 올라가는데 한국주식은 제자리를 맴도는 것도 모자라서 툭하면 떨어지기 때문이다. 실제로 2024년 1월부터 7월까지 코스닥지수는 마이너스 수익률을 기록하며 글로벌 꼴찌 수준을 기록했다. 코스닥 상장사의 70%가 연초보다 7월의 주가가 더 낮을 만큼 한국증시 상황은 좋지 않다. 이런 상황에서 아직도 한국증시에 남아있는 투자자들이 조롱의 대상이 되는 것도 아주 이해 못할 바는 아니다.

도대체 한국증시는 왜 이렇게 안 오르는 것일까? 여러 가지 이유가 있겠지만, 가장 큰 이유는 한국 기업이 매력적이지 않아서이다. 글로벌한 시각으로 봤을 때 한국의 기업들이 과연 매력적일까? 전혀 아니다. 사실 '한국 기업은 매력이 별로 없다'라는 점은 한국주식을 시작하기 전에 반드시 숙지해야 할 사항이다. 이걸 제대로 모르고 뛰어드니까 백전백패를 당하는 것이다.

한국주식에 크게 물려있는 사람들을 보면 하나같이 자신이 보유한 기업의 가치를 과대평가하는 경향이 있다. 좋은 기업인데 주가가 기업가치를 따라가지 못한다며 정부 정책, 공매도, 금투세 등 엉뚱하게 외부 요인만 탓한다.

하지만 내가 보기에 제일 잘못된 것은 본인의 기업가치 평가 방식이다. 본인이 생각하는 기업가치가 옳고 나머지 요인들은 틀렸다고 생각하는 게 맞을까, 아니면 본인이 틀리고 시장에서의 평가가 옳다고 생각하는 게 맞을까? 당연히 본인이 후자가 되어야 한다.

그렇다면 도대체 한국 기업은 왜 매력이 없을까? 여러 가지 요인이 있겠지만 특히 글로벌 투자자 입장에서 좋지 않은 부분을 살펴보도록 하겠다.

기업세습

■ ■

　역사적으로 보면 '세습'은 굉장히 일반적인 권력 승계 형태이다. 원시 시대부터 근대에 이르기까지 인류 역사의 거의 대부분의 시간 동안 권력은 핏줄을 타고 이어졌다. 이 강력한 권위를 빼앗으려면 지도자와 가족을 다 죽여야 했다.

　흥미로운 것은 권력 세습이 지역과 인종을 가리지 않고 세계적으로 나타났다는 것이다. 조선 왕조와 부르봉 왕조, 합스부르크 왕조는 아무런 교류가 없었지만 권력을 세습했다는 점은 동일하다. 왕위뿐만 아니라 신분제 세습 역시 세계적으로 나타난 걸 보면 세습은 인간의 본능이라고 볼 수도 있겠다.

　근대 이후 꾸준히 이어져 내려온 이 오래된 관습을

깨버린 게 바로 미국이다. 미국은 최고 권력자인 대통령을 선거로 뽑으면서 '세습되지 않는 최고 권력'이라는 것을 최초로 제도화했다. 이 혁신적인 제도는 날개 돋친 듯이 전 세계로 퍼져나갔고, 지금은 몇몇 독재국가를 제외한 거의 모든 국가에서 선거를 통해 지도자를 선출한다. 이제 권력을 뺏기 위해 지도자를 죽일 필요가 없어졌다. 선거 제도가 아니었다면 인류는 지금도 허구한 날 전쟁을 하고 있었을 것이다.

권력이 세습되지 않으면서 지도자의 자격도 바뀌었다. 세습의 시대에는 어차피 다음 지도자가 정해져 있었기 때문에 그의 능력이 중요하게 작용하지 않았다. 그냥 태어나보니 아버지가 왕이었고, 그래서 나도 왕이 될 예정이었다. 왕의 자격을 갖추기 위해 노력하는 대신 권력을 빼앗으려는 세력만 잘 처리하면 그만이었다.

하지만 권력이 세습되지 않게 되면서 지도자의 자격은 점점 까다로워졌다. 이제는 유권자들의 선택을 받기 위해 능력, 언변, 도덕성, 외모 등 온갖 조건을 갖춰야 하는 시대이다. 게다가 본인뿐만 아니라 가족들까지도 문제가 있으면 안 되므로 가족 단속도 잘해야 했다. 지도자의 자격이 훨씬 엄격해진 것이다.

지도자의 자격이 엄격해지면 통치의 질도 자연스럽게 올라간다. 능력 있는 지도자가 유권자들의 눈치를 보며 다스리다 보니 이전의 세습 왕조와 비교할 수 없는 발전이 이루어졌다. 어찌 보면 인류가 본격적으로 발전하기 시작한 것도 세습되지 않는 권력이 등장한 이후 통치의 질이 올라가면서부터 일어난 단기적인 변화라고 볼 수 있다.

이것은 기업에도 똑같이 적용된다. 과거 유럽의 많은 기업은 최고경영자 자리도 왕위처럼 세습을 했다. 가업에서 출발하여 대를 잇는 기업이 많다 보니 자연스러운 일이었다. 하지만 미국 기업은 이사회에서 능력 위주로 최고경영자를 선출하거나 해고하는 방식을 채택했고, 이는 곧바로 경쟁력의 차이로 나타났다. 회사에 손해를 끼치면 경영자가 가차 없이 쫓겨나는 미국식 기업과 아무리 잘못해도 누구 하나 경영자의 책임을 묻지 않는 유럽식 기업 중에 어느 쪽이 더 실적이 좋았을까? 보나 마나 미국식 기업일 것이다. 미국이 오늘날 세계 최강국이 된 것은 과학기술 때문이기도 하지만 이런 경영 방식이 결정적 역할을 했다고 봐야 한다. 이처럼 세습되지 않는 권력의 우수성은 수천 년 인류 역사로 증명되고 있다.

그런데 이렇게 좋은 제도에서 비껴 있는 기업이 있으니, 바로 한국의 재벌들이다. 한국의 재벌은 그 성격이 워낙에 독특해서 영어로 번역할 수 있는 단어가 없기 때문에 그냥 'chaebol'로 표기될 정도이다.

재벌의 가장 큰 특징은 역시 세습이다. 물론 자녀가 유능하다면 경영권을 물려줄 수도 있으니 세습 자체가 나쁘다고 하기는 어렵다. 하지만 현실은 그렇지 못하다. 한국의 재벌들은 총수가 아무리 큰 잘못을 하고 감옥에 갔다 와도 자녀들에게 경영권이 승계된다. 심지어 회사에 해를 끼치는 행위를 해도 마찬가지이다. 최근 10년간 재벌 그룹 회장들의 수감 내역을 살펴보도록 하자.

그룹	총수	수감 기간	죄목
삼성	이재용	2017. 2 ~ 2018. 2 / 2021. 1 ~ 2021. 8	뇌물
SK	최태원	2013. 1 ~ 2015. 8	횡령
롯데	신동빈	2018. 2 ~ 2018. 10	뇌물
한화	김승연	2012. 8 ~ 2014. 2	배임
CJ	이재현	2013. 7 ~ 2016. 8	횡령

이들의 죄목은 뇌물, 횡령, 배임 등 하나같이 회사에 명백한 손해를 끼친 것들이다. 그런데 이 중에 지금 경영권을 박탈당한 사람이 있는가? 아무도 없다. 이들은 출소 이후에도 너무나 자연스럽게 경영권을 그대로 이어갔고, SK, 롯데, 한화 등은 3세 경영에 시동을 걸고 있다. 미국이었으면 어땠을까? 최고경영자가 횡령

이나 배임으로 수감 생활을 하고 나온다면, 이전과 똑같은 대우를 해주고 그 자녀에게 승계를 하는 것이 가능하기나 할까? 만약 이사회에서 그걸 승인했다면 주주들의 집단소송에 휘말리게 될 것이다.

문제는 삼성, 현대차, SK, LG, 한화, 롯데, CJ 등의 재벌 계열사들이 한국증시의 시가총액 순위 상위권을 독식하고 있다는 점이다. 세계적으로 독특한 구조를 가진 재벌들이 코스피 시가총액의 상당 부분을 차지하고 있다는 것은 한국증시의 상황이 곧 재벌들의 상황과 직결된다는 뜻이기도 하다.

이렇게 주주의 이익보다 경영권 승계가 우선인 한국 재벌 기업은 외국인 투자자 입장에서 전혀 매력적이지 않다. 재벌 총수가 언제 또 사고를 칠지 모르는데 그 책임을 묻지 않으니 말이다. 음주 운전에 대한 처벌이 제대로 이뤄지지 않으면 음주 운전이 계속 일어나듯이, 잘못을 저지른 기업 경영자에게 제대로 책임을 묻지 않으면 같은 일은 반복되게 마련이다.

중복상장

■ ■

중복상장 문제도 한국 기업의 매력을 떨어트리는 중요한 요소이다. 중복상장이란 쉽게 말해서 서로 지분 관계가 얽혀있는 그룹 계열사들이 각각 따로 상장하는 것을 말한다.

대표적인 경우가 물적분할이다. 예를 들어 A회사가 화학 사업 부문과 배터리 사업 부문을 가지고 있었다고 치자. A회사가 상장되어 있다면 당연히 두 개 사업부가 만들어내는 가치가 고스란히 A회사의 주가에 반영될 것이다.

그런데 느닷없이 A회사가 배터리 사업 부문을 뚝 떼어서 B회사를 새롭게 설립하고 이를 상장시켜 버린다면 A회사의 주가는 어떻게 될까? 당연히 배터리 사업부가 가지고 있던 가치가 떨어져 나가게 되고, 배터리 사업에 관심이 있어 투자하려는 사람들은 A회사를 떠나 B회사로 갈 것이다. 그러면 기존에 A회사를 믿고 투자했던 사람들은 어떻게 될까?

이렇게 지분 관계가 있는 계열사가 같은 시장에 우르르 상장되어 있다 보니 한국증시에서는 더블카운팅(Double Counting) 문제가 빈번하게 발생한다. 한국 기업들은 왜 주가 손해를 감수하면서까지 그렇게 계열사를 중복상장시키는 걸까? 그것은 신규상장 시의 자금조달 규모가 꽤 크기 때문이다. 당장 모회사 주가는 손실을 보더라도 IPO(Initial Public Offering, 신규 상장)를 통해 모을 수 있는 금액이 크기 때문에 유망한 자회사일수록 자꾸만 중복상장을 하는 것이다.

미국은 어떨까? 소송의 나라 미국에서는 함부로 중복상장을 해서 기존 주주들에게 피해를 입히면 바로 집단소송이 일어나 회사가 끝장날 수도 있기 때문에, 이렇게 대놓고 주주들에게 손해가 되는 결정을 내릴 수가 없다. 예를 들어 구글, 유튜브, 웨이보 등의 사업부가 '알파벳'이라는 종목 안에 전부 들어있기 때문에 더블카운팅 문제가 발생하지 않는다. 한국이었으면 이미 다 쪼개서 상장하고도 남았을 텐데 말이다.

지나친 고평가

■ ■

　그렇다면 재벌이 없는 코스닥은 어떨까? 세습도 없고 중복상장도 많지 않으니 코스닥은 좋아야 하지 않을까? 코스닥의 발목을 잡는 것은 바로 지나친 고평가다. 2024년 7월 기준 코스닥의 PER(Price Earning Ratio, 주가수익비율)은 110배에 이른다. 이는 2021년 코스닥의 PER이었던 38배에 비해 3배 가깝게 높아진 것이다. 나스닥의 PER이 32배에 지나지 않는다는 점을 감안하면 코스닥은 이미 엄청난 고평가라는 것이다. PER의 정의는 시가총액을 1년 당기순이익으로 나눈 것이므로, 시총 증가 없이 PER이 높아졌다는 것은 코스닥에 상장된 기업들의 실적이 그만큼 감소했다는 뜻이다. 재벌들은 그래도 실적은 잘 내기 때문에 코스피의

PER은 높지 않지만 코스닥 기업들은 돈을 못 버는 곳이 너무나 많다. 특히 바이오 기업들 중에서 계속해서 적자만 내는 곳이 많고, 2차전지 관련 기업들의 실적이 급감하고 있다. 거기에다가 돈을 못 벌 게 뻔한 기업들이 각종 특례제도를 통해 신규상장을 한다. 제대로 된 기업은 코스피로 이전상장을 한다. 이런 현상이 계속되면서 코스닥은 백색왜성처럼 쪼그라들고 있는 것이다.

주주들의 왜곡된 반응

■ ■

　자, 그렇다면 이렇게 매력이 떨어지는 한국증시에 들어온 사람들은 왜 자신이 보유한 종목의 기업가치가 높다고 착각하는 것일까? 그것은 언론과 증권사, 그리고 다른 주주들 때문이다.

　언론은 재벌에 대해 호의적인 기사를 쓸 수밖에 없다. 언론의 최대 광고주가 재벌 기업들이기 때문이다. 구조적이고 근본적인 문제는 건드리지 않은 채 긍정적인 면만 부각시키다 보니 투자자는 자연스럽게 그 기업을 실제보다 대단하게 생각한다.

　또, 어떤 기업에 대한 나쁜 뉴스가 나오면 해당 기업 주주들의 항의가 언론사에 빗발친다. 해당 뉴스 때문에 주가가 떨어질 것을 우려하기 때문이다. 이것은 증권사도 마찬가지다. 증권사 리포트에서 기업에 대해 부정적인 의견을 제시하면 주주들의 항의가 빗발치기 때문에 애널리스트들이 자기 검열을 하게 되는 것이다. 에코프로에 대해 부정적 의견을 제시했던 한 애널리스트가 출근길에 봉변을 당했던 것을 보면 잘 알 수 있다. 그러면서도 정작 기업가치를 훼손하는 세습과 그를 방관하는 이사회에 대해서는 아무 말도 하지 않는다.

이런 분위기에서 어느 누가 제대로 된 분석을 내놓을 수 있겠는가? 결국 아무리 썩은 부분이 있어도 주주들의 항의가 두려워서 기사도 못 쓰고, 리포트에 '매도' 의견도 못 내다 보니 사람들은 기업가치에 대해 왜곡된 인식을 하게 되는 것이다. 듣기 좋은 말은 사실이라며 박수를 치고, 부정적 기사나 리포트에는 발작적으로 반응하는 한국 주주들의 특성이 그대로 시장에 반영되고 있다.

한국주식 탈출은 정말 지능순인가

■ ■

지금까지 한국 기업이 그다지 매력적이지 않은 이유와 그럼에도 매력적인 것처럼 착각하게 만드는 요소에 대해서 살펴보았다. 그렇다면 한국증시를 떠나는 것만이 답인가? 정말 사람들이 말하는 것처럼 한국주식 탈출은 지능 순일까? 그것은 맞는 말이기도 하고 틀린 말이기도 하다.

일이 너무 바빠서 개별 기업을 분석할 여유가 없는 사람들은 지수추종 ETF(Exchange Traded Fund, 상장지수펀드)에 투자하는 경우가 있다. 이런 경우라면 즉시 한국주식을 떠나는 게 맞다. 한국주식은 미국처럼 지수가 꾸준히 우상향하는 구조가 아니기 때문이다. 한국주식은 흔히 '박스권 증시'라고 부르는, 일정한 가격 구간 안에서 진동하는 형식이다.

같은 맥락에서, 기업의 가치를 열심히 분석함으로써 적정 주가를 계산하는 식으로 가치투자를 하는 사람도 즉시 한국증시를 떠나야 한다. 한국증시는 가치를 제대로 계산하기도 쉽지 않지만, 제대로 계산했더라도 주가가 그대로 움직이지 않기 때문이다.

하지만 이른바 '단타투자'를 열심히 해서 생활비를 벌고 싶다거나, 이슈에 따라서 우르르 올라가는 흐름을 타는 유형의 투자자라면 한국주식이 훨씬 나을 것이다. 한국주식은 매우 단순해서 특정한 패턴이 반복적으로 나타난다. 미국의 시총 1위 기업은 수시로 바뀌지만 한국의 시총 1위는 20년 넘게 삼성전자라는 점만 봐도 알 수 있다. 반도체 시장이 불황이든, 영업이익이 적자가 나든 이것은 변하지 않는다.

북한과 갈등이 심해지면 빅텍이 오른다. 중동에 전쟁이 나면 흥구석유가 오른다. 20년 넘게 반복되고 있는 패턴이다. 오죽하면 필자가 그런 패턴을 묶어서『주식시장은 되풀이된다』라는 책까지 출간할 수 있었을까? 한국주식은 패턴을 수학 공식처럼 암기했다가 사건이 터지면 활용하기에 최적이기 때문에 가능한 일이다. 한국의 주입식 교육이 그대로 먹히는 시장이다.

한국주식은 올림픽과 같다

■ ■

    나는 학생들을 가르칠 때 "한국주식은 올림픽과 같다"라는 말을 한다. 계속 잘할 필요 없이 4년에 한 번씩만 잘하면 된다는 뜻이다. 서글픈 일이지만, 한국의 운동선수들은 세계선수권대회 같은 진짜 프로들의 세계에서 두각을 나타내지 못해도 올림픽에서 메달만 따면 단숨에 스타가 된다. 한국주식도 마찬가지이다. 평소에 못했어도 기회가 왔을 때만 잡으면 된다.

    최근에 있었던 가장 좋은 '올림픽'은 코로나19 팬데믹이었다. 2020년 전까지 주식수익률이 나빴더라도 팬데믹 기간에만 제대로 대처했다면 그동안의 손실을 만회하는 것은 물론 훨씬 더 벌었을 것이다. 그런데 한국주식은 이렇게 큰 기회가 지나가고 나면 반드시 '노잼' 기간이 이어진다. 아니나 다를까 2021년에서 2023년까지는 별로 재미없는 장이었다. 이때는 아무리 잘하려고 애를 써도 별 소용이 없었다.

이럴 때에는 좀 쉬다가 나중에 다시 기회가 왔을 때 열심히 하면 된다. 이걸 모르고 매년 똑같이 잘하려고 하니까 주식투자가 힘든 것이다. 특히 2020년에 처음 한국주식을 시작한 이들은 그때의 수익을 기준으로 생각하니까 더더욱 실망을 할 수밖에 없다.

그렇다면 노잼 기간이 끝나는 2024년에서 2025년에 올 큰 기회는 무엇일까? 바로 미국 대선이다. 이번 미국 대선은 그 어느 때보다도 변수가 많기 때문에 사람들의 이목이 집중되고 있다. 무난하게 선거가 치러진다면 큰 이슈가 없겠지만, 이번 선거에서는 자극적인 포인트가 매우 많다.

일단 공화당 대선 후보 트럼프가 유세 도중 총에 맞았지만 가벼운 부상에 그쳤다. 그러자 공화당 지지세가 결집하며 트럼프의 지지율이 치솟았고, 바이든 대통령은 민주당 대선 후보로 지명되기 직전에 재선을 포기했다. 그리고 카멀라 해리스 부통령이 민주당의 대선 후보가 되었다.

이 일련의 과정 하나 하나가 엄청난 뉴스였으니 사람들의 관심은 자연스럽게 커질 수밖에 없다. 트럼프가 총에 맞았다는데 과연 무사한지, 부상은 어느 정도인지, 범인은 누구인지, 왜 그랬는지 등의 뉴스가 도배되었다. 그 다음에는 바이든이 후보에서 사퇴한다는데 정말인지, 그럼 다음 후보는 누구인지, 그 사람은 어떤 사람인지로 시끄러웠다.

이렇게 사건의 전개 포인트마다 큰 뉴스가 생산되고 사람들의 관심이 집중된다는 건 자연스럽게 주식시장에서의 파괴력이 커진다는 것을 의미한다. 코로나19 바이러스가 처음 퍼졌을 당시에는 국가별 사망자가 몇 명이고 확진자가 몇 명인지, 확진자가 어디에 몇 시쯤 나타났는지, 거기서 무엇을 하고 있었는지까지 하나하나가 다 기삿거리가 되었다. 사람들의 관심은 온통 거기에 쏠릴 수밖에 없었고, 그러다 보니 주식시장에서 코로나19 관련주의 상승세도 컸다. 뉴스가 너무 많이 나오다 보니 사람들이 다른 것에는 별다른 관심이 없었던 탓이다.

마찬가지로 2024년 미국 대선은 그 어느 때보다 주식시장에 중요한 의미를 갖게 되었다. 다가올 미국 대선에 대비하고 공부하는 것은 주식의 올림픽 같은 큰 기회를 잡을 수 있는 밑거름이 될 것이다.

제2장

도널드 트럼프

역사에 남을 사진 한 장

■ ■

2024년 7월 14일, 역사의 물줄기를 바꾸는 사건이 일어났다. 미국 대선을 앞두고 유세 중이던 트럼프가 총격을 받고 부상을 입은 것이다. 총성이 울리고 경호원들이 달려들어 트럼프를 에워싸며 모두가 혼란스러웠던 그 순간, 트럼프는 귀에서 피를 흘리며 벌떡 일어났다. 그리고 주먹을 불끈 쥐며 "Fight!"이라고 외친다. 청중들은 열광했고, 마침 그 자리에 있던 퓰리처상 수상자 에반 부치 기자는 재빨리 셔터를 눌렀다. 그리고 역사를 바꾼 한 장의 사진이 나왔다.

파란 하늘을 배경으로 성조기가 날리고, 트럼프가 귀에서 흐르는 피를 아랑곳하지 않은 채 주먹을 불끈 쥐고 있는 이 한 장의 사진은 전 세계 사람들에게 강렬

한 인상을 심어주었다. 하늘이 도운 덕분인지 총알은 트럼프의 오른쪽 귀를 스쳐 지나갔고 생명에 지장은 없었다. 하지만 대중들은 죽음을 마주한 순간에 보여준 트럼프의 판단력과 용기에 열광했다.

특히 상대 후보가 고령으로 인한 건강 논란이 끊이지 않는 바이든이라는 점에서 이 같은 행동은 두 후보를 더욱 대비시키는 효과를 낳았다. 이 사건이 일어난 직후 일각에서는 "사실상 미국 대선은 끝났다"라는 평가가 나오기도 했다. 트럼프는 이미 바이든과 맞붙은 TV토론에서 완승하면서 어느 정도 유리한 위치를 점하고 있었지만, 이 사건은 트럼프 대세론에 쐐기를 박은 셈이 됐다. 각종 도박 사이트에서 트럼프의 당선 확률이 70%를 넘으며 급등했다.

주식시장도 조용할 리 없었다. 한국에서는 트럼프가 대통령이 될 때 수혜가 예상되는 종목들이 급등세를 연출했다. 그렇다면 구체적으로 어떤 종목이 무슨 이유로 올랐을까? 그 배경을 자세히 정리해 보도록 하겠다.

2024년 미국 대선 공화당 후보, 도널드 트럼프. (AP)

우크라이나 전쟁은 끝날 수 있을까

■ ■

　트럼프 피격 이후 한국 주식시장에서 큰 반응을 보인 것이 바로 우크라이나 재건 관련주들이다. 트럼프가 당선된다는데 왜 우크라이나 재건 관련주들이 오른 것일까? 그것은 트럼프가 자신이 대통령에 당선되면 우크라이나와 러시아의 전쟁을 곧바로 끝내겠다고 공언해 왔기 때문이다. 트럼프는 2023년 CNN타운홀 미팅에서 "내가 대통령이라면 우크라이나 전쟁을 24시간 안에 끝내겠다"라고 말한 바 있다. 2년 넘게 계속되고 있는 전쟁을 단 하루 만에 끝내겠다니, 24시간이 모자라다는 선미도 울고 갈 발언이다.

　그렇다면 어떻게 전쟁 당사자도 아닌 미국이 멀리 떨어진 제3국 사이의 전쟁을 끝낸다는 것일까? 이 말

은 곧 우크라이나에 대한 미국의 무기 지원을 끊겠다
는 뜻이다. 우크라이나가 전쟁을 이렇게 오래 끌고 갈
수 있는 것은 미국의 전폭적인 무기 지원 덕분이었다.

러시아 침공으로 인해 파괴된 우크라이나 학교 사진 (위키미디어 커먼즈)

그렇지 않다면 약소국인 우크라이나는 벌써 강대국인
러시아에게 패배했을 것이다.

2022년 2월 러시아가 우크라이나를 처음 침공했을

때만 해도 사람들은 이 전쟁이 금방 끝날 거라고 생각했다. 양국의 압도적인 전력 차이 때문이다. 하지만 모두의 예상을 뒤엎고 전쟁은 장기전이 되었다. 미국과 유럽 등 서방 세계가 끊임없이 무기를 지원해준 덕분이다.

전쟁이 시작된 이후 미국이 우크라이나에 제공한 군사지원은 500억 달러(한화 약 67조 원)가 넘는다. 한국의 1년 국방 예산이 60조 원인 것을 생각하면 얼마나 대규모 지원인지 짐작할 수 있다. 게다가 2024년 4월에는 610억 달러 규모의 우크라이나 지원안이 미국 의회를 통과했다. 여기에 유럽의 지원까지 더하면 우크라이나에 대한 군사지원은 실로 어마어마하다.

그런 상황에서 트럼프의 당선이 유력해지자 많은 사람들은 벌써 우크라이나에 대한 지원이 끊길 것을 예상하고 있다. 우크라이나의 젤렌스키 대통령은 트럼프가 대통령이 되더라도 두렵지 않다며 애써 침착한 모습을 보이고 있지만, 실제로 트럼프가 대통령이 되어 우크라이나에 대한 지원을 중단하고 종전을 촉구하게 된다면 세계 경찰을 자처해 온 미국의 외교정책은 중대한 변환점을 맞게 될 것이다.

트럼프의 국정 운영 철학은 '미국 우선주의'이다. 모든 인류애적 가치보다도 미국의 이익이 우선한다는 것이다. 다른 나라가 전쟁을 하든 말든 미국과는 상관이 없고, 침략 받는 나라를 지원해 줄 돈이 있으면 미국인을 위해 써야 한다는 논리이다. 러시아가 우크라이나를 침공한 것은 미국의 잘못이 아닌데 왜 미국이 돈을 내야 하냐는 것이다. 이런 논리에 트럼프 지지자들은 환호하고 있다.

한국의 우크라이나 재건 관련주

■ ■

　그렇다면 한국증시에서 우크라이나 재건 관련주가 오른 이유는 무엇일까? 전쟁이 끝나면 그때부터 본격적으로 우크라이나 재건사업이 시작될 것이기 때문이다. 1953년 한국전쟁이 끝나고 한반도에서 전례 없는 규모의 복구사업이 일어났던 것을 생각하면 된다. 당시 3년간의 긴 전쟁으로 잿더미가 되어버린 국토에 마치 심시티 게임을 하듯이 전기, 도로, 철도, 수도 등 각종 인프라가 구축되고 무너진 건물을 다시 세우는 엄청난 규모의 재건사업이 펼쳐졌다.

　물론 한국에는 돈이 없었기 때문에 이것은 모두 해외자본으로 이루어졌다. 그 과정에서 수혜를 입은 해외기업들이 많았다. 그것을 바탕으로 한국은 1970년대

한국전쟁 당시의 원산 지역 폭격 사진 (미국 국립문서기록관리청)

고성장을 이루어냈고 '한강의 기적'이라 불리는 업적을 달성했다.

　마찬가지로 우크라이나 전쟁이 끝나면 수많은 해외기업들이 우크라이나 재건사업에 눈독을 들일 것이다. 폐허가 된 도시에 인프라를 구축하고 건물을 짓는

사업이 대대적으로 진행될 것이다. 우크라이나 재건사업의 규모는 총 1,200조 원으로 추산되는데, 이는 21세기 가장 대규모의 토목공사일 것으로 예견된다. 한국에도 벌써부터 여기에 관심을 갖는 기업들이 있다. 그렇다면 구체적으로 어떤 기업들이 우크라이나 재건사업에 눈독을 들이고 있을까?

❶ 삼부토건
* 회계감사인으로부터 '반기 검토 의견 거절'을 받음. 투자유의

삼부토건은 2023년부터 꾸준히 현지 업체들과 MOU를 체결하며 우크라이나 재건사업 참여를 타진해왔다. 한국의 부동산 시장이 침체되면서 일감이 줄어들자 해외로 눈을 돌린 것이다.

삼부토건은 2023년 5월 마리우폴 시, 코노토프 시와 재건사업 MOU를 맺었고, 6월에는 이르핀 시와 재건 관련 MOU를 맺었다. 또 2023년 6월에는 폴란드 바르샤바에서 열린 우크라이나 재건 포럼에서 IPGD(Industrial Park Global Development) 사와 스마트시티 건설에 관한 MOU를 맺기도 했다. 2024년 3월에는 우

크라이나 빈니차 시와 재건사업 관련 업무 협약을 맺었으며, 4월에는 우크라이나 건설사 부도바와 주택사업에 관한 MOU를 맺었다.

2024년 6월에는 우크라이나 호로독 시와 스마트시티 4.0 프로젝트 관련 MOU를 맺었다. 이 프로젝트는 산업단지와 주거단지 등을 포함해 사업 부지가 여의도의 약 20배 면적인 57.73㎢에 이르는 전후재건 프로젝트이다. 호로독 시는 2024년 1월에 한국수자원공사와 도시개발 및 수자원 협약을 체결하기도 했다.

물론 전쟁이 끝나지 않았기 때문에 아직 본계약이 체결된 것은 아니지만, 삼부토건은 2023년 5월 폴란드 바르샤바에서 열린 우크라이나 재건포럼 이후 지속적으로 사업을 추진해 왔다는 점에서 향후 실제 사업 수주를 기대할 수 있다.

❷ 디와이디

디와이디는 직접적인 사업 연관성은 없지만, 삼부토건의 모회사로서 삼부토건 지분 8.12%를 보유한 대

주주이다. 그러다 보니 우크라이나 관련 뉴스가 나올 때 삼부토건과 같이 움직이곤 한다. 물론 삼부토건이 상장되어 있기 때문에 우크라이나 재건사업의 영향을 상대적으로 적게 받고, 같은 이슈에 대해 삼부토건보다 반응하는 폭이 작다.

❸ 에스와이

에스와이도 2023년부터 꾸준히 우크라이나 재건사업에 관심을 가졌던 기업이다. 에스와이는 지난 2023년 3월 코오롱글로벌과 우크라이나 재건사업을 위한 MOU를 체결했다. 내용은 우크라이나 현지 기후에 최적화된 내외장패널 기술 개발 및 제조이다.

에스와이는 2023년 5월 폴란드 바르샤바에서 개최된 우크라이나 재건 포럼에 참석해 현지 업체인 유로인베스트 홀딩스(Euro Invest Holding LLC)와 MOU를 체결하며 본격적으로 협업에 나섰다. 협약의 내용은 에스와이가 현지 업체와 합작 법인을 통해 샌드위치패널, 컬러강판 등 재건에 필수적인 건축자재를 생산 및 판매한다는 것이다. 에스와이는 샌드위치패널 분야의 유일한 상장사로서 축적된 기술력을 바탕으로 우크라이나 재건사업 진출을 추진하고 있다.

❹ 에스와이스틸텍

에스와이스틸텍은 앞서 설명한 에스와이의 자회사로, 에스와이는 에스와이스틸텍 지분 49.7%를 보유한 대주주이다. 데크플레이트 제조 판매 및 설치를 주업으로 하는 회사이다.

에스와이스틸텍은 직접적으로 우크라이나 업체와 MOU를 맺은 바는 없다. 그러나 모회사인 에스와이가 추진하는 모듈러 주택사업을 할 때 필수적으로 들어가는 데크플레이트를 만들기 때문에 자연스럽게 우크라이나 재건 관련주가 되었다. 자회사이기 때문에 모회사보다 시가총액이 작고 가벼워서 움직임이 크다. 관건은 모회사 에스와이가 우크라이나 재건사업에 얼마나 참여할 수 있을지에 대한 가능성이다.

❺ SG

재건사업에서 절대 뺄 수 없는 것이 바로 아스콘이다. 아스팔트 콘크리트를 뜻하는 아스콘은 도로 건설의 핵심자재이다. 아스콘 전문기업 SG는 2023년 12월 우크라이나 미콜라이우 주와 도로 재건 등에 협력하는 내용의 MOU를 체결했다.

2024년 3월에는 현지 최대 철강회사인 메트인베스트로부터 향후 10년간 총 4,200만 톤 규모의 철강슬래그를 무상으로 공급받기로 합의했다. 이 철강슬래그를 활용하여 우크라이나 도로 복구 사업에 참여할 전망이다. 2024년 6월에는 SG의 우크라이나 현지법인 SG우

도로 건설의 핵심 자재, 아스콘 (위키미디어 커먼즈)

크라이나가 현지 업체인 PFK로부터 연간 최대 60만 톤의 철강슬래그를 공급받는 MOU를 체결했다. 제련 과정에서 발생하는 철강슬래그를 저비용으로 공급받을 수 있게 되면서 아스콘 현지 생산의 교두보를 확보한 셈이다.

SG는 글로벌 아스콘 기업 중 최초로 철강슬래그로 아스콘을 만드는 기술에 대한 특허를 우크라이나에 출원했다. 에코스틸 아스콘이라 불리는 이 아스콘은 기존 아스콘보다 강도가 높고 내구성이 좋은 것으로 알려져 있다. SG는 실제로 우크라이나 현지 업체들과 협력을 통해 현지 생산과 조달 체계를 구축하고 있다는 점에서 상당히 구체적인 비전을 가지고 있다.

❻ 다산네트웍스

재건사업에서 중요한 또 다른 분야가 전력망과 통신망이다. 다산네트웍스는 2023년, 전쟁으로 인해 망가진 우크라이나의 전력망과 통신망 구축 사업에 참여하겠다고 선언했다.

2023년 8월에는 우크라이나 에너지부 산하 SAEE(에너지 효율성 및 에너지 절약 국가기관)와 에너지 분야의 협력을 목적으로 하는 MOU를 체결했다. 이는 기업이 아니라 국가기관과의 MOU라는 점에서 주목받았다. 다산네트웍스는 우크라이나 정부와 에너지 효율과 녹색에너지 분야에서 협력을 펼쳐나갈 계획이다.

❼ HD현대건설기계

HD현대그룹의 굴착기 제조업체인 HD현대건설기계도 우크라이나 재건사업에 빠질 수 없는 기업이다. 어떤 공사를 하든지 굴착기는 필수이기 때문에 자연스럽게 재건사업과 연관이 있다.

그중에서도 HD현대건설기계가 갖는 차별성은 2023년 9월 민관합동 재건협력 대표단으로 참여했다는 점이다. 당시 국토교통부와 해양수산부 등 정부부처와 18개 기업이 원팀코리아를 꾸려서 우크라이나를 방문했고, 대표단은 젤렌스키 대통령을 만나 정부 차원에서 한국 기업의 재건사업 참여를 위한 네트워크 구축을 추진하기로 했다.

HD현대건설기계는 150만 달러 규모의 건설기계를 무상으로 기증했다. 그리고 우크라이나 건설협회 및 미콜라이우 주와 각각 MOU를 체결하고 건설장비 공급 및 교육 관련 협력을 추진한다. HD현대건설기계는 대기업이기 때문에 정부 차원의 협력을 받을 수 있다는 점에서 좀 더 확실성이 있다. 그밖에 같은 HD현대 그룹의 HD현대인프라코어나 굴착기 부품을 납품하는 진성티이씨 등도 비슷한 성격의 종목으로 볼 수 있겠다.

❽ 동일고무벨트

동일고무벨트는 우크라이나와 직접적인 관계는 없지만, 이 회사는 세계적 건설장비 기업인 캐터필러에 부품을 납품하고 있어 밝은 전망을 가지고 있다. 캐터필러는 실제 우크라이나 재건사업이 시작되면 가장 큰 수혜를 입을 기업으로 분류된다. 월스트리트에서는 미국 정부의 대규모 인프라 투자와 트럼프 집권에 따른 우크라이나 종전 수혜주로 캐터필러를 추천하고 있다.

동일고무벨트는 2024년 5월 캐터필러에 2,776억 원 규모의 러버트랙 공급계약을 체결하면서 핵심 협력사로 떠올랐다. 이는 동일고무벨트 2023년 매출액 3,577억 원의 77.6%에 해당하는 규모이다.

동일고무벨트에서 생산하여 해외에 수출하는 러버트랙들. (동일고무벨트 제품 카탈로그)

❾ 기타

이 밖에도 우크라이나와 직접적인 관련은 없지만 단순히 토목과 관련된 업종이라는 이유로 관련주에 묶인 종목도 있다. 대모, 현대에버다임 등의 건설장비 업체들이 대표적이다.

■ 종목 정리 ■

종목	협력대상	내용
삼부토건 *투자 유의 디와이디	마리우폴 시, 코노토프 시, 이르핀 시, IPGD, 빈니차 시, 부도바, 호로독 시	건설 프로젝트 스마트시티 프로젝트
에스와이 에스와이스틸텍	코오롱글로벌, 유로 인베스트 홀딩스	건축 자재 현지 생산
SG	미콜라이우 주, 메트인 베스트, PFK	아스콘 원료 현지 조달 에코스틸 아스콘 현지 생산
다산네트웍스	SAEE	에너지 효율, 녹색에너지
HD현대건설기계	우크라이나 건설협회, 미콜라이우 주	건설장비 공급
동일고무벨트	캐터필러	러버트랙 납품

무기여 어서 오라

■ ■

우크라이나 전쟁이 끝나면 세계에 평화가 찾아올
까? 그렇지 않다. 미국이 군사력을 동원해서 전쟁을 아
예 끝내버린다면 그럴 수도 있겠지만, 트럼프는 전쟁
을 직접적으로 끝내는 대신 무기 지원을 중단하는 것
만을 고려 중이다.

이것은 곧 강대국이 약소국을 침공하더라도, 미국
은 자신들의 이익에 부합하지 않으면 도와주지 않을
것이라는 메시지를 보여주는 셈이다. 세계의 경찰 노
릇을 하던 미국이 이렇게 나온다면 지역별 강대국이
인근의 약소국을 공격하는 데에 큰 방해물이 사라지는
결과를 가져온다. 지금까지는 함부로 이웃 나라를 공
격했다가 미국과 싸우게 될까 봐 망설이는 경우가 많

았지만, 미국이 가만히 있어 주기만 한다면 얼마든지 전쟁을 일으킬 수 있는 것이다.

당장 러시아가 우크라이나 외의 다른 동유럽 국가를 침공할 수 있고, 대만을 호시탐탐 노리는 중국도 마찬가지다. 중동지역의 종교 갈등도 심화될 가능성이 있다. 결국 미국의 개입이 사라지면 세계는 자국의 국방을 스스로 책임져야 하는 각자도생의 시대가 열리게 된다. 그렇기 때문에 세계 각국은 방위비를 늘려가며 허겁지겁 무기를 사려고 하는 중이다.

하지만 무기는 사고 싶다고 해서 쉽게 살 수 있는 것이 아니다. 게임에서는 유료 결제를 하면 아이템을 쉽게 살 수 있지만, 현실 세계에서는 다르다. 국가마다 지형과 기후가 다르고 전투의 양상이 제각각이기 때문에 아무 무기나 쓸 수가 없고, 군인들을 새로운 무기에 맞게 훈련시키는 것도 고려해야 한다. 뿐만 아니라 무기가 고장났을 때 신속하게 수리를 받을 수 있는지도 고려해야 한다.

게다가 무기 가격은 한두 푼 하는 게 아니다. 제한된 예산 안에서 이 모든 조건을 고려하여 최적의 무기를 선정하다 보면 자연히 시간이 걸리게 마련이다. 여차저차 해서 선정이 된다 하더라도 실제로 무기가 생산되는 데까지는 또 한참이 걸린다. 먼저 들어온 주문을 처리하고 나서야 다음 주문에 맞춰 생산이 가능하기 때문이다. 이런 탓에 아무리 급해도 무기는 쉽게 구할 수 없는 것이다.

　이런 측면에서 볼 때 엄청난 강점을 가진 것이 한국의 방위산업체들이다. 세계적 명성을 가진 록히드마틴이나 보잉, 라인메탈 등은 이미 몇 년치 주문이 꽉 찬 상태지만 한국 기업들은 상대적으로 납기가 짧다. 아직 글로벌 시장에서 덜 유명한 덕분에 주문이 들어오면 빨리 만들어줄 수 있는 것이다. 또 한국산 무기는 성능 대비 저렴한 가격으로 정평이 나 있기도 하다. 성능은 좋지만 비싸고 생산이 오래 걸리는 무기들에 비해 확실히 차별성이 있다.

　그렇다면 어떻게 한국산 무기는 어쩌다가 이렇게 경쟁력을 가질 수 있게 된 것일까? 어쩌면 이것은 당연한 결과일 것이다. 한국전쟁 이후 70년이 넘는 기간 동안 북한과 대치 상태를 유지하면서 엄청난 예산을 무기 개발에 쏟아부었기 때문이다. 이런 상황에서 독자적인 기술이 발전하지 않았다면 그것도 이상한 일일 것이다.

최근에는 동유럽 국가들을 중심으로 한국산 무기 구매 열풍이 불고 있다. 당장 러시아의 칼날이 목을 겨누고 있는 상황에서 한가하게 미국산 무기를 기다릴 여유가 없기 때문이다. 러시아와 우크라이나의 전쟁으로 인해 촉발된 불안감은 엉뚱하게도 한국의 방산업체들에게 큰 기회가 되었다.

우크라이나 전쟁이 당장 2025년에 끝난다 해도 미국의 방관으로 인해 세계 각지에서는 국지전이 빈번하게 발생할 수 있다. 그러면 한국 방산업체의 호황은 지속될 것이다. 구체적으로 어떤 기업들이 있는지 알아보자.

❶ 한화에어로스페이스

한화에어로스페이스의 대표 상품은 K9 자주포와 천무 다연장로켓이다. K9 자주포는 한국을 비롯해 호

한화에어로스페이스의 K9 자주포 (위키미디어 커먼즈)

주, 이집트, 인도, 노르웨이, 에스토니아, 튀르키예, 폴란드, 핀란드, 루마니아 등 세계 10여 개국에서 도입한 베스트셀러로 누적 수출액이 13조 원을 넘는다.

한화에어로스페이스는 방산기업이기도 하지만, 우주항공 사업도 하고 있어서 주식시장에서는 양쪽을 왔다 갔다 하던 종목이었다. 그러다가 투자자들에게 방산주로 확실히 각인된 계기는 2022년 7월 폴란드와의

한화에어로스페이스의 천무 (위키미디어 커먼즈)

계약이었다. 바로 옆 나라인 우크라이나가 러시아에게 침공받는 것을 보고 불안감을 느낀 폴란드는 한화에어로스페이스와 K9 자주포 총 672문, 천무 총 288대 구매를 위한 기본계약을 체결했다. 그리고 2022년 8월에는 실제로 K9 자주포 212문, 11월에는 천무 218대의 1차 본계약을 진행했다. 2023년 12월에는 K9 자주포 152문을 2차로 계약했고, 2024년 4월에 천무 72대를 추가로 계약하면서 현재는 K9 자주포 308문의 본계약이 남은 상태이다.

한화에어로스페이스는 2024년 7월 루마니아와 K9 자주포 54문을 비롯해 K10 탄약운반 장갑차 36대 등이 포함된 1조3,000억 원 규모의 계약을 성사시키기도 했다. 폴란드가 시원하게 대량 구매를 하는 모습을 보고, 한국산 무기에 대해 반신반의하던 인근 국가들도 지갑을 열기 시작한 것이다.

이뿐만이 아니다. 한화에어로스페이스의 레드백 전차는 호주의 차기 장갑차로 낙점받으며 새로운 인기 상품으로 떠오를 가능성을 보여 주었다. 기존의 베스트셀러인 K9 자주포와 천무 다연장로켓에 이어 레드백 장갑차까지 라인업이 다양해진다면 한화에어로스페이스의 해외 수주는 앞으로도 계속 이어질 전망이다.

	K9	천무
전체 물량	672	288
2022년 8월	212	218
2023년 12월	152	–
2024년 4월	–	72
잔여	308	0

❷ 현대로템

현대차그룹의 계열사 현대로템의 주력 상품은 K2 전차이다. 현대로템은 방산기업이기도 하고, 철도기업 이기도 하다. 여러분들이 타고 다니는 KTX나 지하철 전동차가 모두 현대로템에서 만든 것이다. 그래서 현대로템은 증시에서 방산 관련주와 철도 관련주 사이를 넘나들지만, 최근에는 한화에어로스페이스처럼 해외 무기 수주가 이어지면서 방산주로 자리매김하는 모습이다.

현대로템은 2022년 7월 K2 전차 총 1,000대를 폴란드에 수출하는 기본계약을 맺었다. 폴란드는 앞서 설명한 K9 자주포와 천무 다연장로켓뿐만 아니라 K2 전차도 주문한 것이다. 이어 같은 해 8월에 K2 전차 180대를 1차 계약했고, 현재 남은 물량은 820대이다.

현대로템의 주력 상품 K2 전차 (2010년 국방화보)

한화에어로스페이스는 폴란드와의 기본계약 물량 대부분이 본계약으로 이어졌지만, 현대로템은 아직 본계약을 해야 할 물량이 한참 남아있다는 점에서 차이가 있다. 그렇지만 현대로템은 1차 계약 물량 180대 중에서 46대를 2024년 상반기까지 인도하며 한국 방산 기업의 엄청난 속도를 증명했다.

현대로템이 한화에어로스페이스에 비해 계약 진행률이 더딘 것은 계약 내용 때문이다. 별다른 사양 변경 없이 무기를 그대로 만들어서 수출하면 되는 한화에어로스페이스와 달리, 현대로템은 1,000대 중에 820대를 폴란드에 특화된 K2PL로 납품하기로 했다. 즉, 1차 계약 물량 180대는 기존의 K2를 그대로 생산해서 납품한 것이었지만, 나머지는 특수 사양을 적용해야 한다. 또 820대 중에서 320대는 한국에서 만들지만, 500대는 폴란드에서 현지 생산을 하기로 했다는 점도 다르다. 이런 복잡한 조건 때문에 현대로템의 2차 계약이 늦어지고 있는 것이다. 특히 현지 생산 부분에서 해결해야 할 과제가 많기 때문에 현대로템은 폴란드 국영 방산그룹 PGZ와 컨소시엄을 구성해서 대응하고 있다.

현대로템은 루마니아에도 K2 전차를 공급하기 위해 독일 레오파르트 전차와 경쟁을 벌이고 있다. 루마니아가 한화에어로스페이스와 계약한 것을 보면 현대로템과 계약할 가능성도 충분한 상황이다. 또 현대로템의 철도 사업 역시 해외에서 순항하고 있기 때문에, 해외 고속철 수주까지 더해진다면 금상첨화가 될 수 있는 상황이다.

	K2	비고
전체물량	1,000	
2022년 8월	180	
잔여	820	320대 한국 생산, 500대 현지 생산

❸ LIG넥스원 · 한화시스템

LIG넥스원의 대표 상품은 천궁-II 미사일로, 특히

LIG넥스원의 천궁-II (위키미디어 커먼즈)

중동 지역에서 인기가 많다. LIG넥스원은 2022년 1월 아랍에미리트(UAE)와 2조6,000억 원 규모의 천궁-II 판매계약을 체결했고, 2024년 2월에는 사우디아라비아와 4조2,500억 원 규모의 공급계약을 체결했다.

이때 천궁-II의 수출액은 LIG넥스원이 모두 가져가는 게 아니라 한화시스템, 한화에어로스페이스와 나눠야 한다. LIG넥스원은 천궁-II의 발사체를 만들지만, 한화시스템은 레이더를 담당하고, 한화에어로스페이스는 발사대와 차량을 개발 및 생산하기 때문이다.

LIG넥스원은 천궁-II 외에 유도로켓 비궁도 보유하고 있는데, 비궁은 현재 미국 해군이 실시한 FCT(해외 비교 시험) 시험평가를 최종 통과하고 미국 진출을 기다리고 있다. 방산업계 꿈의 무대인 미국에 한국산 무기를 수출하게 된다는 것은 매우 의미 있는 일이기 때문에 기대감이 커지고 있다.

한국항공우주의 FA-50 모형 (위키미디어 커먼즈)

④ 한국항공우주

한국항공우주는 이름에서 알 수 있듯이 항공기도 만들고 우주 사업도 하는 기업이다. 한국항공우주의 주력 수출품은 FA-50 경공격기이다. FA-50은 세계에서 12번째로 자체 개발한 초음속 전투기다.

한국항공우주 역시 2022년 7월에 폴란드와 FA-50를 총 48대 수출하는 계약을 맺었다. 이 중 12대는 이미

2023년 납품됐고, 나머지 36대는 폴란드 공군의 요청을 반영한 FA-50PL로 생산하여 납품하게 된다. 이집트도 FA-50 수출이 유력한 국가 중에 하나로 꼽힌다. 현재 초기 물량 36기에 관한 협상이 진행 중이다. 또한 한국항공우주는 2024년 7월 페루 국영기업과 FA-50 부품을 공동생산하는 MOU를 체결하기도 했다.

FA-50은 로켓이나 전차 같은 지상무기에 비해 아직 해외 시장을 넓게 개척하지는 못했다. 하지만 초음속 전투기를 자체생산할 수 있는 나라가 워낙 손에 꼽히다 보니 향후 가격 경쟁력을 앞세운다면 충분히 영토를 넓혀나갈 수 있다.

한편 한국항공우주는 2024년 6월 방위사업청과 한국형 초음속 전투기 KF-21 20대를 공급하는 계약을 맺었다. 계약 규모는 1조9,600억 원이다. KF-21의 엔진을 만드는 곳은 방산 분야에서 안 끼는 곳이 없는 한화에어로스페이스로, 역시 방위사업청과 KF-21용 엔진 40여 대를 공급하는 5,562억 원 규모의 계약을 맺었다. KF-21의 레이더 역시 한화시스템이 맡고 있는데 방위사업청과 1,100억 원 규모의 계약을 체결했다. 이

처럼 하나의 무기에도 여러 기업이 얽혀 있는 경우가
많다.

❺ 코츠테크놀로지

이제부터는 무기의 세부 부품을 납품하는 기업들을 살펴보도록 하겠다. 코츠테크놀로지는 방산용 임베디드 시스템(Embedded System, 내장형 시스템)을 도입하여 양산하고 있으며, 이는 LIG넥스원의 천궁-II와 현대로템의 K2 전차에 탑재되고 있다. 앞서 설명한 무기들의 수출이 가속화되면 자연스럽게 수혜를 받는 구조이다.

❻ 우리기술

우리기술은 흔히 원전 관련주로 알려져 있다. 국내 유일의 원전 제어계측시스템(MMIS) 기업으로, 국내 주요 원전에 MMIS 공급 레퍼런스를 보유하고 있기 때문이다. 그래서 2024년 7월 체코가 한국을 30조 원 규모의 신규 원전사업 우선협상대상자로 선정했을 당시 급등하기도 했다.

그런데 우리기술의 100% 자회사인 케이에스씨가 현대로템에 K2 전차의 포탑용 냉방장치를 공급하면서 방산주의 성격도 갖게 되었다. 물론 아직까지는 본업인 원전의 비중이 훨씬 크지만 참고로 알아두면 좋겠다.

❼ 웨이브일렉트로

웨이브일렉트로는 LIG넥스원에 탐색기와 유도조종장치를 공급한다. 이 장치들은 유도로켓이 정확하게 목표물을 타격할 수 있도록 하는 중요한 기능을 한다. 실제로 웨이브일렉트로는 지속적으로 LIG넥스원과 공급계약을 맺고 이를 공시하고 있다.

❽ 빅텍

빅텍은 북한 관련 방산주로 널리 알려져 있다. 처음 상장한 2003년부터 지금까지 해외 전쟁이나 북한 도발 등의 사건이 터지면 가장 먼저 반응하는 대표적인 방산 테마주였다. 하지만 빅텍은 단순 테마주가 아니라 현대로템의 K2 전차에 핵심부품을 납품하는 어엿

한 방산기업이다. 다만 아직까지는 북한 관련 방산주로서의 강한 이미지 탓에, 주식시장에서는 K2 전차가 수출되었다는 소식에는 별 반응이 없다가 북한이 도발했다는 뉴스가 나오면 상승한다.

■ 종목 정리 ■

	K9	천무	K2	천궁-II	FA-50	KF-21
한화에어로스페이스	O	O		O		O
현대로템			O			
LIG넥스원				O		
한화시스템				O		O
한국항공우주					O	O
코츠테크놀로지			O	O		
우리기술			O			
웨이브일렉트로				O		
빅텍			O			

의외로 북한 친화적

■ ■

　트럼프가 대통령이 되면 해외 분쟁에 대한 개입을 줄일 것이라고 했다. 그렇다면 대표적 분쟁지역인 한반도는 어떻게 될까? 이는 다소 복잡하다. 언뜻 생각하기에는 트럼프가 남한과 북한의 전쟁을 막고 있는 주한미군의 규모를 감축할 가능성이 있어 보인다. 실제로 트럼프는 과거 미국 대통령이 되었을 때 진지하게 주한미군 감축을 고려한 적이 있다.

　하지만 결국은 감축하지 않았다. 대신 북한의 김정은 위원장과 휴전 이후 최초의 북미정상회담을 두 차례나 성사시켰다. 비록 실질적인 성과는 없었지만, 양국의 정상이 만났다는 것만으로 엄청난 센세이션을 불러일으켰다. 이후 트럼프는 기회가 있을 때마다 자신의 중요한 외교적 업적 중 하나로 김정은 위원장과의 정상회담을 이야기해 왔다. 자신이 핵 보유국의 지도자와 만남으로써 한반도 전쟁 위험을 감소시켰다는 것이다.

트럼프는 지금도 선거 유세를 할 때 김정은 위원장 이야기를 자주 한다. 자신의 임기 동안 김정은 위원장과 잘 지냈다며, 재선에 성공하면 계속해서 좋은 관계를 이어가겠다고 공언하고 있다. 이것은 북미정상회담을 재추진하겠다는 뜻으로도 해석된다. 즉 트럼프는 기본적으로 국제 분쟁에 개입하지 않으려는 성향을 가지고 있지만, 북한은 조금 특별하게 생각하는 것 같다.

그래서 북한과 관련해서는 주한미군 감축과 북미정상회담이라는 두 가지 이슈가 혼재한다. 주한미군 감축 문제는 당연히 방산주와 밀접한 관련이 있는데 방산주는 앞에서 살펴봤으므로, 여기서는 북미정상회담과 관련된 다른 종목들을 다루도록 하겠다.

먼저 과거 북미정상회담 당시로 돌아가 보자. 북미정상회담은 두 차례 이루어졌다. 첫 번째 회담은 2018년 6월 12일 싱가포르에서 열렸다. 시작 전부터 엄청난 관심과 기대를 받았지만 결과적으로 큰 성과는 없었다. 특히 미국 쪽에서 얻은 게 없다는 비판이 많이 나왔다. 사실 북한 비핵화에 대한 양국의 입장이 너무나 달랐기 때문에 회담 한 번으로 그 간극이 좁혀지리라는 것은 너무 무리한 기대였다. 다만 70년간 서로를 적대시하던 두 나라의 정상이 만났다는 것에 의의를 둘 수 있었다.

당시에는 남북경협주들이 회담 전에 대거 급등했다가 회담 후 하락하는 상황이 연출됐다. 특히 첫 번째 회담을 얼마 남기지 않은 2018년 5월 25일에 북미정상회담이 무산될 수 있다는 보도가 나오자 일제히 폭락했다가 다음 날 바로 급등했다는 점이 눈에 띈다.

2차 북미정상회담은 2019년 2월 27일 베트남 하노이에서 열렸다. 두 번째로 진행되는 회담이니만큼 첫 번째보다는 많은 성과가 있을 것으로 기대됐지만 결과는 협상 결렬이었다. 두 정상이 만났지만 합의문이 채택되지는 못한 것이다. 미국이 원하는 북한의 비핵화 수준과 북한이 원하는 경제 제재 완화의 수준은 여전히 맞지 않았다.

이때도 많은 남북경협주들이 회담 전에 상승했다가 회담 결렬 이후 폭락하는 모습이 반복되었다. 2019년 1월 초부터 2월 중순까지 본격적인 상승을 보였고, 1차 회담 때보다 더 많은 종목들이 남북경협주에 포함되었다. 그렇다면 이 당시 급등락을 보였던 남북경협주를 분야별로 나눠서 살펴보겠다.

❶ 통일교 관련 종목

통일교는 북한과 매우 밀접한 관계를 갖고 있다. 1998년 통일교 재단의 문선명 총재는 북한의 련선연합과 함께 평화자동차를 설립했다. 평화자동차는 북한의 유일한 자동차 제조사이자 북한 내에서 유일하게 허용된 남북합작기업이다. 2000년 통일교 재단은 약 5,000만 달러를 투자해서 남포시에 평화자동차 공장을 세웠다. 평화자동차는 통일교 지분 70%, 조선민흥총회사 지분 30%로 운영되다가 2013년 통일교가 회사 운영에서 손을 떼었다. 이처럼 북한과의 직접적인 관계 때문에 통일교 관련 종목은 남북경협주에 빠지지

평양 공원에 있는 평화자동차 광고판. (위키미디어 커먼즈)

않고 등장한다.

한국증시에서 통일교가 지분을 가지고 있는 기업
은 일신석재와 모나용평이다. 통일교는 일신석재 지분
41.32%와 모나용평 지분 35.99%를 보유하고 있는 대
주주이다. 만약 북한과의 경협이 이루어진다면 유일한
남북합작기업을 운영해본 통일교 소유 기업들이 모종
의 역할을 하지 않겠느냐는 기대감이 있다.

한편 트럼프도 통일교와 매우 내밀한 관계를 가지

고 있다. 트럼프는 대통령으로 재임 중이던 2020년, 통일교 문선명 총재의 탄생 100주년을 축하하는 메시지를 보냈다. 또 트럼프는 대통령에서 물러난 후인 2022년에 통일교로부터 250만 달러(약 34억 원)를 받고 영상 강의에 세 차례 출연하기도 했다. 트럼프가 대통령에 당선될 가능성이 높아진 지금, 통일교 소유 기업들이 주목받고 있는 이유이다.

❷ 개성공단 관련 종목

2000년 김대중 전 대통령과 김정은 전 위원장이 만났던 남북정상회담의 결과물로 개성공단이 만들어졌다. 개성공단은 2004년 말에 완공되어 2005년부터 본격적으로 우리 기업들의 입주가 시작되었다.

개성공단은 잘 운영되다가도 남북 간 갈등이 있을 때 우리 기업들의 통행이 금지되는 등 수시로 삐걱거렸다. 그러다가 2013년 4월 북한 측이 입경을 차단하면서 분위기가 나빠졌고, 결국 남측 인원이 철수를 결정하며 사실상 폐쇄됐다. 그러다가 양국 합의로 2013

년 9월에 재가동되었지만, 2016년에 완전히 폐쇄되고 만다. 당시 북한은 4차 핵실험을 감행하고 광명성호를 발사하는 등 높은 수준의 군사적 도발을 했다. 북한의 이러한 도발에 맞서 정부는 개성공단 가동 중지라는 초강수로 대응했다.

문제는 이것이 양국 간 합의에 의한 것이 아니라 일방적인 조치였다는 점이다. 난데없이 타의에 의해 가동이 중단된 우리 기업들은 생산설비나 자산을 그대로 북한에 남겨두고 떠나올 수밖에 없었다. 정부는 개성공단에 입주했던 기업들에게 충분한 보상을 해주겠다고 했지만, 개성공단기업협회는 여전히 정당한 피해 보상을 받지 못했다며 특별법 제정 등을 요구하고 있다.

향후 트럼프가 대통령에 당선되어 김정은 위원장과의 만남이 성사되고 경제 교류가 이뤄진다면, 개성공단 입주기업도 다시 주목을 받을 수 있다. 개성공단 입주기업 중 상장사는 인디에프, 신원, 제이에스티나, 재영솔루텍, 좋은사람들 등이 있다.

개성공업지구관리위원회 엠블럼 (위키미디어 커먼즈)

❸ 금강산 관련 종목

　　남북경협사업 중 가장 역사가 오래된 것이 바로 금강산 관광사업이다. 관광사업은 설비 투자가 필요없기 때문에 다른 사업에 비해 복잡한 문제가 적은 편이다.

　　금강산 관광은 1998년 11월부터 시작되었다. 1989년 현대그룹의 고 정주영 회장이 소떼를 끌고 방북해서 금강산 관광 협정서를 체결한 것에 기반해 현대그룹 계열사인 현대아산이 사업자가 되었다. 처음에는 동해항에서 배를 타고 가야 했지만, 2003년 9월부터는 버스를 이용한 육로 관광도 가능해졌다.

하지만 2008년 7월 13일 금강산 관광객 피살 사건 이후 금강산 관광은 중단되었다. 이후 2018년 9월 평양에서 열린 남북정상회담 결과 금강산 관광 정상화가 평양공동선언에 담기기도 했지만, 결과적으로는 재개되지 않았다.

금강산 관광의 사업권을 가진 현대아산은 증시에 상장되어 있지 않다. 대신 현대그룹의 상장사로는 현대엘리베이터(종목명 현대엘리베이)가 있다. 그래서 금강산 관광 재개에 대한 기대감이 생길 때는 현대엘리베이터가 상승하곤 했다. 또 금강산에는 아난티가 만든 골프장이 있었기 때문에 아난티 역시 대표적인 금강산 관광 관련주로 꼽힌다. 다만 아난티 금강산 골프장은 현재 북한에 의해 철거된 상태이다.

❹ 기타

지금까지는 실질적으로 북한과 협력 이력이 있는 기업들을 소개했다. 이들은 원조 남북경협주라 할 수 있다.

그런데 과거 2차 북미정상회담 때에는 북한과 아무런 관련이 없었지만, 만약 경제 교류가 시작된다면 큰 수혜를 입을 것으로 예상되는 기업들도 상승을 했다. 예를 들면 시멘트, 아스팔트, 철강 등 인프라 건설과 관련된 종목들이다. 하지만 이들은 북한과 직접적 관계가 없고, 앞서 소개한 우크라이나 재건주와 많이 겹치기 때문에 여기서 따로 소개하지는 않겠다.

이 밖에도 철도나 도로 등 인프라 관련 종목들도 현재는 북한과 직접적인 관련은 없지만, 남북경협주로 분류되어 있다. 이러한 인프라 관련주들은 북미정상회담뿐만 아니라 우크라이나 재건과도 수혜가 겹치므로 꾸준히 살펴봐야 한다.

■ 종목 정리 ■

테마	종목	내용
통일교	일신석재, 모나용평	평화자동차 공동 설립 운영
개성공단	인디에프, 신원, 제이에스티나, 재영솔루텍, 좋은사람들	개성공단 입주
금강산	현대엘리베이, 아난티	금강산 관광

크립토 대통령

■ ■

트럼프는 선거 유세를 할 때 스스로 '크립토 대통령(crypto president)'이 될 것이라고 말할 정도로 가상화폐 친화적인 행보를 보인다. 2024년 7월 테네시 주 내슈빌에서 열린 '비트코인 2024 컨퍼런스'에서 트럼프는 자신이 대통령이 되면 미국을 세계 비트코인의 수도로 만들겠다고 공언했다.

그는 가상화폐에 대한 각종 규제를 철폐하겠다며, 취임 첫날에 게리 겐슬러 증권거래위원회(SEC) 위원장을 해고할 것이라고 말했다. 겐슬러 위원장은 가상화폐 업계에 사기와 조작이 만연해 있다며 가상화폐 기업들에게 각종 법적 조치를 취한 인물이다. 또한 트럼프는 연방정부가 현재 보유하고 있거나 미래에 획득하게 될 비트코인을 100% 전량 보존하겠다며 이것이 사실상 미국의 전략적 비축량이 될 것이라고 발언했다. 이 같은 트럼프의 성향 때문에 총격사건 직후 비트코인 가격이 10% 이상 상승하기도 했다.

트럼프가 부통령 후보로 지목한 J. D. 밴스 상원의원도 꾸준히 가상화폐를 지지하는 모습을 보여 왔다. 미국 상원의원 재정공시에 따르면 밴스 후보가 보유한 비트코인의 가치는 10만~25만 달러에 달한다. 밴스가 이를 팔지 않고 가지고 있다면 미국 역사상 최초로 가상 자산을 보유한 부통령 후보가 된다. 또한 밴스는 2024년 6월 가상자산 업계 친화적인 법안을 발의하기도 했다.

이렇게 대통령 및 부통령 후보가 나란히 가상자산에 대해 긍정적 태도를 보이면서 가상화폐 시장에는 훈풍이 불고 있다. 가상화폐는 직접 거래소에서 코인을 사면 되기 때문에 굳이 주식 시장에서 관련주를 찾지 않아도 되긴 하지만, 그래도 연관이 있는 종목들이 있기 때문에 짚고 넘어가도록 하겠다.

❶ 업비트

거래소가 하나만 존재하는 한국 주식시장과 달리
가상화폐는 거래소마다 거래되는 종류도 다르고 가격
도 다르다. 그 중 국내에서 가장 큰 규모의 가상화폐
거래소는 업비트이다. 업비트를 운영하는 회사는 두
나무인데 주식시장에 상장되어 있지는 않다. 대신 두
나무의 지분을 보유한 우리기술투자, 한화투자증권,
SGA솔루션즈 등이 업비트 관련주로 거론되고 있다.
우리기술투자는 두나무 지분 7.21%를 보유하고 있고
한화투자증권은 5.96%를 보유하고 있다. 그 밖에 창
투사들이 펀드를 통해 간접적으로 두나무 지분을 보유
하고 있다.

❷ 빗썸

업비트에 이어 점유율 2위를 기록하고 있는 가상화
폐 거래소는 빗썸이다. 빗썸을 운영하는 회사는 빗썸
코리아인데 역시 비상장이다. 상장사 중에 빗썸코리아

의 지분을 보유한 곳은 티사이언티픽으로 빗썸코리아 지분 7.17%를 보유하고 있다. 티사이언티픽의 모회사 위지트도 가상화폐 관련주로 분류되고 있다.

❸ 블록체인 관련 종목

직접적으로 가상화폐 거래소와는 관련이 없지만 블록체인 사업을 하는 기업들도 가상화폐 관련주로 분류된다. 가상화폐가 블록체인 기반으로 거래되기 때문이다. 대표적인 종목이 갤럭시아머니트리로, 블록체인 사업을 하는 갤럭시아메타버스를 자회사로 두고 있다. 갤럭시아머니트리는 토큰증권발행(STO) 관련 사업도 준비하고 있는데, 곧 이뤄질 것 같던 STO의 법제화가 이뤄지지 않자 투자자들의 관심에서 멀어지고 있었다. 하지만 가상화폐 시장에 훈풍이 불면서 가상화폐 관련주로 편입되는 모양새이다.

❹ 자체 코인 발행 종목

자체적으로 코인을 발행하는 기업들도 수혜를 받을 수 있다. 비트코인 가격이 상승함에 따라 자체 코인들의 가격도 따라서 올라가는 경향이 있기 때문이다. 페이코인을 발행하는 다날, 엑스플라를 발행하는 컴투스홀딩스, 위믹스를 발행하는 위메이드, 인텔라엑스를 발행하는 네오위즈, 보라를 발행하는 카카오게임즈 등이 있다.

■ 종목 정리 ■

테마	종목	내용
업비트	우리기술투자, 한화투자증권	두나무 지분 보유
빗썸	티사이언티픽, 위지트	빗썸코리아 지분 보유
블록체인	갤럭시아머니트리	자회사 블록체인 사업
자체코인 발행	다날, 컴투스홀딩스, 위메이드, 네오위즈, 카카오게임즈	자체코인 발행

AI 맨해튼 프로젝트

■ ■

　여러분은 영화「오펜하이머」를 본 적이 있는가? 크리스토퍼 놀란 감독이 만든 이 영화는 2차 세계대전 당시 미국의 핵무기 개발 프로젝트인 '맨해튼 프로젝트'의 진행 과정에서 핵심 역할을 담당한 오펜하이머와 주변 과학자들의 이야기를 담고 있다. 맨해튼 프로젝트는 미국이 전쟁의 승리를 위해 당대 최고 과학자들을 모아서 진행한 극비 프로젝트였다. 결국 핵무기 개발은 성공했고, 히로시마와 나가사키에 실제로 원자폭탄이 투하되면서 2차 세계대전은 막을 내리게 된다.

　트럼프는 가상화폐뿐만 아니라 AI 산업에도 아주 우호적인데, AI 분야의 맨해튼 프로젝트를 구상 중이라고 한다. 지금처럼 민간기업에만 맡겨두는 것이 아니라 정부의 전폭적 지원을 통해 AI 산업을 비약적으로 발전시키겠다는 것이다. 트럼프 측 인사들은 광범위한 AI 관련 행정명령 초안을 작성 중인 것으로 알려졌다. 이 행정명령을 통해 AI를 활용한 기술 개발에 집중하고 불필요한 규제는 철폐하겠다는 것이 핵심이다.

트럼프가 이렇게 AI에 관심을 갖는 이유는 바로 중국 때문이다. 미국이 2차 세계대전 당시 독일이나 일본의 군사력을 압도하기 위해 핵무기를 개발했던 것처럼 중국의 거센 도전을 막기 위해서 찾아낸 돌파구가 AI라는 것이다. 트럼프는 특히 AI와 군사 기술 접목에 큰 관심이 있는데, 이는 방산업계가 공화당의 오랜 지지층인 것과도 연관이 있다.

이 같은 행보는 AI의 부작용을 우려하며 조심스러운 정책을 펼쳤던 바이든 대통령과 정반대의 방향이다. 이제 AI 산업의 미래는 차기 미국 대통령에게 달려 있다고 해도 과언이 아닌 것이다. 그렇다면 트럼프가 대통령이 될 경우 주목받을 AI 관련 기업은 어디일까?

해저 케이블 단면도 (위키미디어 커먼즈)

❶ 전선 관련 종목

AI가 원활하게 돌아가려면 막대한 양의 전기가 필요한데, 이 전기를 운송하는 것은 전선이다. 미국 정부가 AI 산업에 강력한 드라이브를 건다면 전선의 수요도 폭증할 수밖에 없다. 원래 전선 제조사들은 해상풍력과 밀접한 관련이 있었다. 해상풍력 발전소가 늘어나면 해저케이블 수요가 늘어나기 때문에 자연스럽게 전선의 수요도 증가한다. 그런데 AI 붐이 일면서 이제는 해상풍력보다 인공지능 시대의 필수 산업으로 떠오르고 있다.

미국 전선 시장에서 두각을 나타내는 한국 기업은 LS전선(비상장), 대한전선 등이다. LS전선은 미국의 전력망 수요에 대응하기 위해 1조 원을 투자해 공장을 짓는다. 대한전선은 미국에서의 2024년 1~7월 누적 수주액이 5,200억 원에 이를 정도로 성과로 순조로운 항해를 하고 있다. 그런데 이 두 회사는 기술 탈취와 관련한 법적 분쟁을 벌이고 있다. LS전선의 해저케이블 기술이 대한전선에 유출됐다는 것이 LS전선 측 주장이다. 대한전선이 이를 부인하고 있는 가운데 소송의 귀추가 주목된다.

LS전선은 비상장이지만 대신 자회사 LS에코에너지가 상장되어 있다. LS에코에너지는 LS전선과 전력 및 해저케이블 사업을 펼치는 중이다. 그 밖에 대원전선, 가온전선 등 중소형 전선 업체들도 미국 시장을 노크하고 있다.

❷ 전력기기 관련 종목

2024년을 뜨겁게 달군 테마 중 하나가 바로 전력 설비이다. 변압기로 대표되는 전력기기 제조 기업들의 주가가 엄청나게 올랐다. HD현대일렉트릭, LS일렉트릭, 효성중공업 등은 늘어나는 수주 덕분에 좋은 실적을 거두었고, 주가지수가 전반적으로 좋지 않은 와중에도 놀라운 상승을 보여주었다. 다만 그렇다 보니 과평가되어 주식시장에 미래의 수요 증가까지도 어느 정도 선반영되어 있다는 점이 다소 약점이라고 할 수 있다. 중소형주로는 제룡산업, 일진전기, 산일전기 등이 뒤를 따르고 있다.

❸ 원전 관련 종목

아무리 전선이나 전력기기가 잘 갖춰져 있어도 결국 전기를 만들어내는 발전소가 충분하지 않다면 무용지물이다. 트럼프는 부족한 전기 문제의 해결책으로 원자력 발전소에 많은 관심을 보이고 있다.

실제로 그는 지난 대통령 취임 첫해였던 2017년부터 원전 부활을 외쳤다. 미국은 1979년 펜실베이니아주의 스리마일 섬 원전 사고로 무분별한 신규원전 건설에 대한 거부감이 높은 편인데, 트럼프는 미국의 에너지 정책을 과감하게 전면 재검토해서 원전 산업을 다시 부흥시키겠다고 공언했다. 원전에 대한 연구개발비도 대폭 늘렸다. 그 결과 트럼프의 재임 기간에 미국의 원자력 에너지 생산은 사상 최고치를 기록했다. 트럼프의 집권 2기 대선공약인 '어젠다47'에도 원자력규제위원회를 현대화하고, 기존 발전소를 계속 가동하면서 소형모듈원자로(SMR)에도 투자하겠다고 명시되어 있는 만큼, 트럼프가 최우선으로 생각하는 에너지원은 원자력 발전이 될 전망이다.

한국은 2024년 7월 프랑스를 제치고 24조 원 규모의 체코 원전 건설 사업을 수주하면서 원전 수출국으로서의 위상을 다시 세웠다. 2009년 UAE 바라카 원전 수주 이후 이렇다 할 수출 실적이 없던 한국은 체코를 발판 삼아 루마니아, 폴란드, 영국 등 다른 유럽 국가들도 적극적으로 공략할 예정이다. 체코 원전 프로젝트에 참여한 기업은 두산에너빌리티, 한전기술, 한전KPS, 대우건설 등이었다. 이들 원전 관련주는 해외의 추가 수주 가능성과 함께 미국의 에너지 정책에도 민감하게 반응할 전망이다.

■ 종목 정리 ■

테마	종목	내용
전선	LS에코에너지, 대한전선(소송 중), 대원전선, 가온전선	미국 전선 수요 확대
전력 기기	HD현대일렉트릭, LS ELECTRIC, 효성중공업, 제룡산업, 일진전기, 산일전기	미국 변압기 수요 확대
원전	두산에너빌리티, 한전기술, 한전KPS	유럽 신규원전 수주 가능성

석유경제와 조선업

■ ■

트럼프가 석유산업에 우호적이라는 것은 익히 알려진 사실이다. 셰브론, 엑슨모빌, 옥시덴털 페트롤리엄 등의 대형 석유회사들은 공화당의 오래된 후원자들이다. 이들은 그동안 많은 환경 규제에 시달려 왔다. 석유에너지가 기후변화의 주범으로 낙인찍힌 탄소를 다량으로 포함하고 있기 때문이다.

트럼프는 2024년 4월 자신의 저택에서 열린 만찬에서 주요 석유회사 경영자들에게 10억 달러(한화 약 1조3,000억 원)를 모금해 주면 자신이 대통령이 되어 각종 기후정책을 폐기하겠다고 약속했다. 새로운 해상 시추는 물론 인허가 등의 과정에서 빠른 행정 처리가 가능하도록 해주겠다는 것이다.

해상 석유 시추 모습 (위키미디어 커먼즈)

또 바이든 대통령이 중단했던 신규 LNG 수출 프로
젝트 검토를 임기 첫날 재개하겠다고도 했다. 셰니어
에너지에게는 기쁜 소식이 아닐 수 없다. 이에 더해서
트럼프는 전기차 보조금도 축소할 기세이다. 한 마디
로, 자신의 선거자금을 석유회사들로부터 지원받고 나
중에 정책으로 갚겠다는 심산이다.

바이든 행정부에서 꽉 막혀있던 석유산업 규제가

LNG 운반선 (위키미디어 커먼즈)

한꺼번에 풀리게 되면 석유에너지의 국제 물동량이 증가하게 된다. 특히 신규 LNG 수출 사업이 활성화되면 LNG 운반선의 수요가 급격하게 증가할 것이다. LNG 운반선 건조 분야 세계 점유율 1위는 단연 한국이다. 한국의 조선사들은 세계 LNG 운반선 발주의 70%를 차지하고 있을 정도로 압도적인 기술력을 자랑하고 있다.

그중에서도 HD한국조선해양, HD현대중공업, HD현대미포로 이루어진 HD현대그룹 계열사들이 선두를 차지하고 있다. 2010년대 이후 해운업계가 불황에 빠지면서 선박 교체가 미뤄지게 되었고, 조선소가 줄어들었다. 현재는 반대로 선박 교체 수요는 늘어나는데 공급할 곳은 없는 상황이 되었다. 때문에 선박 건조 비용은 계속 올라가는 추세이다.

특히 HD현대중공업의 수주 잔량 중 비중이 가장 큰 LNG 운반선의 신조선가는 2023년 9월 사상 최고가를 기록한 뒤 비슷한 수준을 유지하고 있다. LPG 운반선의 신조선가도 지속적으로 오르고 있다. 그 덕분에 HD한국조선해양의 2024년 2분기 영업이익은 전년 동기 대비 5배나 폭증했다. HD한국조선해양은 2024년의 연간 수주 목표액의 97%를 이미 상반기에 채웠을 정도이다.

그 뒤를 쫓고 있는 것이 삼성중공업과 한화오션이다. 삼성중공업은 2024년 목표 수주액 97억 달러 중 49억 달러를 상반기에 수주하며 순항 중이고, 한화오션은 53억3,000만 달러를 수주하며 2023년 전체 실적보다 훨씬 많은 수주를 기록했다. 이처럼 2008년 슈퍼사이클(20년 이상의 장기적인 가격상승 추세를 말하나 2008년은 금융위기로 곤두박질침) 이후 16년 만에 찾아온 조선업계 호황에 트럼프 효과가 더해진다면 파급력은 한층 강해질 수 있다.

조선 기자재 관련주들의 흐름도 좋다. 기자재를 만드는 기업들의 실적은 자연스럽게 조선 3사의 수주 성과에 후행하면서 나타나게 된다. 각종 조선 기자재 관련주를 표로 정리하면 다음과 같다.

■ 종목 정리 ■

조선 기자재 종류	종목
LNG 보냉재	한국카본, 동성화인텍
선박용 엔진	한화엔진, STX중공업, STX엔진
선박용 기계제품	오리엔탈정공

선박용 조명	대양전기공업
선박용 엔진밸브	케이에스피
분뇨처리 장치, 스크러버	일승
대형 선박 구조물 제작	세진중공업
선박용 배관	동방선기
선박엔진 부품	인화정공
선박 평형수 처리 장치, 선박 수리	한라IMS

지금까지 트럼프가 미국 대통령에 당선된다면 수혜를 입을 것으로 예상되는 종목들과 그 배경을 살펴보았다. 물론 아직 미국 대선까지는 시간이 남아있기 때문에 누가 대통령이 될지는 알 수 없다. 다만 총격 사건 이후 승리의 추가 트럼프 쪽으로 많이 기운 상태

이기 때문에, 그에 대비하는 측면에서 이런 것들을 알아둘 필요는 있다.

세계 최강대국인 미국이 어떤 방향으로 나아가느냐에 따라 세계 경제가 좌우된다. 그래서 미국의 움직임을 분석하는 것은 투자자들에게 매우 중요하다. 앞으로 트럼프가 선거유세 도중 어떤 발언을 하느냐에 따라 새로운 수혜주가 계속 생겨날 수 있기 때문에 그의 발언에 늘 관심을 기울여야 한다. 물론 그가 말하는 모든 것이 실제로 이루어질지는 모를 일이다. 그래도 주식시장은 실제로 이루어지느냐의 여부보다 그렇게 될 것이라는 기대감으로 움직일 것이다.

트럼프와 상극인 업종들

■ ■

　지금까지 트럼프의 당선으로 인해 수혜를 입을 수 있는 종목들을 살펴봤다. 반대로 트럼프의 당선으로 인해 피해를 보는 기업도 분명히 있을 것이다. 이제부터는 트럼프와 상극인 업종들을 살펴보도록 하겠다.

❶ 전기차 관련 분야

　트럼프는 예전부터 전기차 지원 정책에 불만을 표시해 왔다. 미국의 전통 산업인 내연기관 자동차 산업을 쇠퇴시키고, 중국의 전기차 업체들만 도와주는 꼴이라는 이유에서이다. 트럼프는 대선후보 수락 연설에서 취임 첫날 전기차 의무명령(Mandate)를 끝내고 미국의 자동차 산업을 구하겠다고 공언했다.

트럼프는 이전에도 계속 바이든 행정부의 전기차 장려 정책을 비판해 왔기 때문에 이런 발언이 딱히 새삼스러운 것은 아니다. 다만 만약 미국의 전기차 보조금 규모가 축소된다면 전기차의 성장세가 꺾일 것은 불 보듯 뻔한 일이다. 아직 트럼프가 구체적으로 정책을 밝히진 않았지만, 실제로 그렇게 된다면 2차전지의 수요 증가세도 둔화될 수밖에 없다.

트럼프가 전기차 산업에 부정적인 이유는 여러 가지가 있다. 물론 전기차 산업 확대가 바이든 대통령의 주요 정책이었기 때문에 바이든을 깎아내리려는 의도도 분명히 있겠지만, 좀 더 구체적인 배경이 깔려 있다. 한때 전 세계 자동차산업의 중심지였다가 쇠락한 미국 러스트벨트 지역의 표심을 끌기 위해서이기도 하고, 석유회사들의 로비 때문이기도 하다. 또 중국 배터리 산업의 성장을 막으려는 취지도 있다.

트럼프는 전기차의 무게가 내연기관 자동차보다 훨씬 무겁기 때문에 모든 자동차가 전기차로 바뀌게 된다면 도로와 교량 등의 인프라를 재건해야 한다는 주장을 펴고 있다. 인프라 재건에 드는 비용이 막대한데 아무도 이를 고려하지 않고 보조금만 살포하고 있다고 비난한 것이다. 또 미국처럼 국토가 넓은 나라에서 소비자들이 필요로 하는 만큼의 전기차 충전소를 확보하는 것도 돈이 너무 많이 든다고 주장한다.

그러면서 결국 IRA(Inflation Reduction Act, 인플레이션 감축법)에 따른 전기차 보조금으로 인해 오히려 재정이 낭비되고 있으며, 이는 화폐량의 증가로 인플레이션을 부채질한다고 설명한다. 한 마디로 전기차의 보급이 늘어날수록 국가가 감당해야 하는 재정비용이 너무 크기 때문에 반대한다는 것이다. 이렇게 트럼프는 단순히 선거에서 이기기 위한 공약이라기보다는 나름의 논리를 분명히 내세우고 있다.

❷ 신재생 에너지 분야

같은 맥락에서 트럼프는 풍력이나 태양광 등 신재생 에너지에도 강력히 반대하고 있다. 이들 산업 역시 마찬가지로 IRA에서 지원하는 것이며, 믿을 수 없을 정도로 돈이 많이 든다는 부정적 입장을 취하고 있다. 막대한 보조금 없이는 절대로 유지될 수 없는 에너지라는 것이다. 이는 이것이 결국 전기요금의 인상을 불러오고 인플레이션을 부채질한다는 논리를 펼친다. 그러면서 기본으로 돌아가서 저렴한 화석연료가 더 많이 필요하다고 주장한다.

물론 실제로 이런 정책을 실행하기 위해서는 넘어야 할 산이 많다. 현재 보조금의 수혜를 받는 수많은 기업이 타격을 받으면 당장 일자리 창출에 문제가 생기기 때문이다. 하지만 트럼프의 주장은 꽤나 구체적이고 분명하기 때문에 그가 당선되면 결국 신재생 에너지 업계에 좋을 일은 없어 보인다.

이상으로 트럼프가 미국 대통령에 당선될 경우 수혜를 입을 종목들, 그리고 반대로 피해가 예상되는 업종들을 살펴보았다. 이 이슈는 미국 대통령 선거가 있는 2024년뿐만 아니라 대통령 재임 기간인 2029년까지 세계 경제에 지대한 영향을 미칠 것이다. 미국 대선은 주식투자자들에게 있어 투자의 나침반이나 마찬가지이다. 여기서 다룬 내용을 바탕으로 각자가 분석하여 내용을 추가해 나간다면 분명 좋은 성과가 있을 것이다.

■ ■

제3장

카멀라 해리스

민주당 "당하고만 있지는 않아"

■ ■

트럼프가 총격을 당하고도 보여준 의연한 모습에 국민들이 열광하면서, 민주당에는 비상이 걸렸다. 안 그래도 노쇠한 이미지 때문에 애를 먹고 있던 바이든은 트럼프가 보여준 행동과 비교되면서 더욱 초라해 보이게 되었다. 이대로 간다면 대선에서 패배할 것은 자명한 사실이었다.

한 가지 다행인 점이 있다면 트럼프의 총격 사건이 민주당의 대선후보 지명 전에 일어났다는 것이다. 그렇지 않았다면 이러지도 저러지도 못한 상태로 꼼짝없이 당했겠지만, 민주당에게는 아직 시간이 있었다. 바이든을 향한 사퇴 요구가 빗발쳤다. 오바마 전 대통령과 낸시 펠로시 전 하원의장 등 민주당의 거물급 인사

2024년 미국 대선 민주당 후보, 카멀라 해리슨 (셔터 스톡)

들이 잇따라 바이든의 대선후보 사퇴를 주장했다. 바이든 대통령은 처음에 완강하게 거부했지만 끝내 마음을 돌려 재선을 포기했다. 경선을 거쳐 대선후보로 확정된 현직 대통령이 재선을 포기한 사례는 사상 처음

이었다.

여론의 관심은 자연히 '누가 민주당 대선 후보가 될 것인가'로 쏠렸다. 0순위는 당연히 카멀라 해리스 부통령이었다. 미국의 부통령은 대통령이 사고나 질병으로 업무를 수행하지 못하게 될 경우 대통령의 업무를 그대로 물려받아 대행하기 때문에 해리스는 가장 정당성 있는 후계자였다. 예상대로 해리스가 민주당의 대선후보가 되었고, 해리스 대 트럼프 구도가 완성되었다.

해리스가 민주당 대선후보가 되자 이번에는 민주당 지지자들의 결집이 시작됐다. 그동안 낮은 승리 가능성으로 인해서 말라가던 후원금이 봇물 터지듯 쏟아졌다. 해리스는 하루 만에 1,120억 원의 후원금을 모으며 미국 역사상 신기록을 세우기도 했다.

지지율도 단숨에 상승하여 트럼프의 지지율을 앞서기 시작했다. 전화위복이라는 말은 딱 이럴 때 쓰는 말일 것이다. 트럼프의 총격 사건 효과가 거짓말처럼 사라지면서 당연히 트럼프가 대통령이 될 줄 알았던 증시도 부랴부랴 해리스 수혜주를 찾아 움직였다.

세상 모든 선거가 그렇지만 대통령 선거는 특히나

프레임 싸움의 성격이 강하다. 트럼프가 바이든을 상대로 짠 프레임은 '정상인 대 치매 노인' 구도였다. 실제로 바이든은 공식 석상에서 잦은 말실수를 보여주며 인지 능력을 의심받고 있었기 때문에, 이 프레임은 대중에게 제대로 먹혀들었다. 하지만 바이든 대통령이 사퇴하면서 이 프레임은 소용이 없어졌다. 오히려 해리스가 훨씬 젊기 때문에 나이에 대한 공격은 반대로 트럼프가 받아야 할 상황에 놓이게 됐다.

해리스가 들고 나온 프레임은 '검사 대 범죄자'였다. 검사 출신의 해리스가 유죄판결을 받았던 트럼프를 공격하는 것이다. 이 프레임은 한국인들에게 매우 익숙한 구도다. 지난 2022년 대선 당시 정치 신인이었던 윤석열 대통령이 들고 나온 프레임이 '검사 대 범죄자'였기 때문이다.

프레임은 사실 여부를 떠나 대중에게 이미지로 각인된다는 점에서 매우 강력한 무기이다. 결국 누구의 프레임이 유권자들에게 먹히느냐가 승패를 가른다. 그렇다면 해리스의 급부상으로 인해 생겨난 관련주들은 무엇이 있을까?

대마 합법화는 가능할까

■ ■

　제일 먼저 반응을 보인 것은 대마^(마리화나) 관련주들이다. 해리스는 상원의원 시절부터 대마 합법화에 긍정적 입장을 취했다. 해리스는 2019년 뉴욕 라디오방송 WWPR에 출연하여 오래 전 대마초를 피운 적이 있다고 인정하며 대마초 합법화 의사를 밝힌 바 있다.

　그리고 2020년 민주당 부통령 후보로 TV 토론회에 참여했을 때에도 연방정부 차원에서 대마 비범죄화 및 합법화를 추진하겠다고 했으며, 한발 더 나아가 대마 관련 유죄 판결을 받았던 사람들의 범죄 기록까지 말소하겠다고 했다. 이런 이유로 의료용 대마를 취급하는 기업들의 주가가 급등했다. 국내에는 구체적으로 어떤 종목들이 있을까?

미국 알래스카의 마리화나 카페 (위키미디어 커먼즈)

❶ 우리바이오

우리바이오는 2021년 의료용 대마 재배와 대마 성
분 연구를 위한 '마약류 취급학술연구자' 및 '마약류
원류물취급자' 승인을 취득했다. 공식적으로 대마초를
다룰 수 있는 자격을 가졌다는 점에서 대표적인 대마

관련주로 분류되고 있다.

❷ 오성첨단소재 / 화일약품

오성첨단소재는 본업이 디스플레이 장비 및 부품 생산이지만 사업 다각화를 위해 자회사 카나비스메디칼을 세웠다. 카나비스메디칼은 대마의 주요 성분 중 인체에 유익한 성분으로 알려진 카나비디올(CBD)을 중심으로 카나비노이드 화합물을 연구하고 있다. 대마초를 의료용으로 쓰기 위한 연구이다. 카나비스메디칼은 2018년부터 카이스트와 의료용 대마 활용에 대해 연구·개발을 진행해 왔으며, 한국에서 처음으로 대마 치료제 관련 특허를 취득한 의료용 대마 분야의 선두 업체 중 하나이다.

오성첨단소재는 카나비스메디칼 지분의 50.85%를 보유하고 있다. 나머지 지분 49.15%는 화일약품이 보유하고 있다. 오성첨단소재와 반반씩 지분을 보유하고 있는 것이다.

❸ 엔에프씨

화장품 소재 전문기업인 엔에프씨는 대마의 주요 성분인 CBD의 고순도 정제법에 대한 특허를 출원한 바 있어 대마 관련주로 분류된다. 엔에프씨는 물질의 성분을 분리해 분석하는 중압크로마토그래피 방식(MPLC)을 활용해서 대마과 식물인 헴프에서 추출한 저순도 CBD를 고순도로 정제하는 데 성공했다고 한다.

엔에프씨가 출원한 특허는 그동안 CBD 함량이 낮아 버려지던 헴프 부산물을 활용해서 고순도의 산업용 CBD를 얻을 수 있는 기술이다. 이 성분을 활용한 화장품은 피부 보호 및 재생, 안티에이징 효과가 탁월한 것으로 알려져 있다. CBD에 대한 규제가 완화되면 본격적으로 화장품 시장에 진출한다는 것이 엔에프씨의 계획이다.

❹ 한국비엔씨

한국비엔씨는 2020년에 헬스케어 업체인 유셀파

마와 '대마를 이용한 의약품 원료 및 화장품 공동 개발과 상용화를 위한 MOU'를 체결했다. 다만 한국비엔씨는 주식시장에서 대마보다는 비만치료제와 관련해서 더욱 주목받는 기업이다. 한국비엔씨는 프로앱텍과 공동으로 개발하고 있는 비만치료제에 대한 상용화 권리를 갖고 있다.

❺ 애머릿지

애머릿지는 의류 유통사업을 주업으로 하고 있지만, 카나비스 제품도 판매하고 있다. 애머릿지는 '로얄그린스'라는 브랜드로 카나비스 제품을 미국에 판매하고 있다는 점에서 대마 관련주로 분류되고 있다. 현재 미국 캘리포니아에서 카나비스 제품 판매와 배송, 재배, 제품 사업을 진행하고 있다.

낙태는 여성의 권리

■ ■

　해리스가 강하게 주장하는 것 중의 하나가 여성의 권리이다. 아무래도 본인 스스로가 소수 인종이면서 여성이라는 핵심 정체성을 갖고 있다 보니 어쩌면 당연한 일일 것이다. 특히 트럼프가 여성을 비하하는 언행을 자주 해왔다는 점을 고려하면 이런 점은 해리스만의 차별화 전략으로 더욱 부각될 가능성이 크다.

　특히 낙태권을 두고 공화당과 민주당에 대한 유권자의 선택이 극명하게 갈릴 것으로 예상된다. 해리스는 7월 22일 연설에서 "트럼프는 미국을 완전한 자유와 권리를 누리기 이전으로 되돌리고 싶어한다"라면서 낙태권 문제를 전면에 내세웠다. 가톨릭 신자인 바이든이 애써 침묵했던 이슈를 전면에 꺼내든 것이다.

해리스는 임기 중에 임신 중절 서비스를 제공하는 의료기관을 방문해서 둘러본 최초의 부통령이기도 하다.

해리스는 낙태권이 여성의 고유한 권리이며, 이를 금지하는 것은 헌법이 보장하는 여성의 자유를 억압하는 것이라는 프레임을 짜고 있다. 여러모로 트럼프와 대척점에 서 있는 해리스는 이처럼 첨예하게 대립하는 이슈도 선명하다. 그렇다면 한국증시에서 낙태와 관련된 종목은 어떤 것이 있을까?

500,000명의 인원이 모인 미국 L.A, 낙태권 옹호 집회 (Flickr)

❶ 현대약품

현대약품은 영국의 제약사 라인파마 인터내셔널의 인공 임신중절 의약품 '미프지미소'를 한국에서 독점 판매하는 계약을 체결했다. 2023년 3월에는 식약처에 품목 허가를 신청하기도 했다. 다만 식약처는 2023년 7월에 현대약품에 자료 보완을 요청했다고 알려져 있다.

한국에서 낙태죄는 2019년 헌법재판소에서 헌법불합치 판결을 받은 후 2021년부터 효력을 잃은 상태이기 때문에 이 의약품 판매가 불법은 아니다. 다만 부정적 여론을 의식한 탓인지 아직까지 식약처의 품목 허가를 받은 의약품은 없는 상태이다. 미프지미소가 식약처의 허가를 받는다면 당분간 한국에서 유일한 임신중절 의약품이 될 수 있는 상황이다. 그 밖에도 현대약품은 사후 피임약인 엘라원과 노레보원을 판매하며 시장점유율 1위를 기록하고 있다.

❷ 명문제약

명문제약은 사후피임약 레보니아를 판매하고 있어 낙태 관련주에 포함되었다.

의외의 한국 인맥

■ ■

바이든 대통령의 임기 동안 부통령이었던 해리스는 외교 무대에서 별다른 활약을 보여주지는 못했다. 원래 부통령은 대통령이 해외로 나갔을 때 혹시 모를 사태에 대비해 내치를 담당하는 것이 주요 임무이기 때문에, 외교 쪽에서는 존재감이 희미한 법이다.

하지만 한국과의 인연이 아주 없는 것은 아니다. 해리스의 남편인 더글러스 엠호프 변호사는 해리스가 부통령이 되기 직전까지 글로벌 로펌 DLA파이퍼에서 근무했다. 한국에서는 박영선 전 중소벤처기업부 장관의 남편인 이원조 변호사가 DLA파이퍼의 한국 총괄대표를 맡고 있다. 이원조 변호사는 미국에 있을 당시 엠호프와 함께 근무하며 친분을 쌓은 것으로 알려졌다.

그래서 한국증시에서는 박영선 전 장관이 MBC 앵커였던 점 때문에 자회사인 iMBC가 해리스 관련주로 상승했다. 정리하자면 'iMBC → MBC → 박영선 전 장관 → 이원조 변호사 → 엠호프 변호사 → 해리스 부통령'까지 다섯 단계에 걸쳐 엮여 있다. 다소 황당하다고 생각할지 모르지만, 이 관계도는 뉴스에까지 등장했던 엄연한 팩트이다. 테마주는 이런 과정을 통해 형성되는 것이다.

해리스 등판했는데 ⋯ 왜 iMBC가 뛸까

(한국경제, 2024.7.23.) (⋯) 해리스 부통령과 친분이 있다는 이유로 테마주로 엮이는 기업도 등장했다. iMBC가 대표적이다. iMBC는 19~22일 2거래일 동안 13.72% 뛰었다. 이날도 4.96% 오른 3490원에 장을 마감했다. 주가가 오른 것은 MBC 기자 출신인 박영선 전 중소벤처기업부 장관과 해리스 부통령의 인연 때문으로 추정된다. 박 전 장관의 남편 이원조 변호사는 해리스 남편 더글러스 엠호프 변호사와 미국 3위 로펌인 DLA파이퍼에서 함께 근무한 것으로 알려졌다. (⋯)

태양광은 좋다, 하지만

■ ■

　이렇게 해리스만의 차별화된 정책도 있지만, 바이든의 정책을 그대로 계승할 것으로 예상되는 정책도 많다. 그중에서 대표적인 것이 바로 신재생 에너지다. 민주당은 탈(脫) 탄소를 중요한 정책목표로 삼고 있기 때문에 태양광이나 풍력 에너지를 확대하는 기조를 가지고 있다. 트럼프와는 철저하게 반대라는 점에서 대표적인 해리스 수혜 산업이다.

　마이크로소프트나 메타 등 미국의 빅테크들은 AI 운용에 필요한 전기를 충당하기 위해 대부분 태양광을 선택하고 있다. IRA에 따라 태양광 투자에 대한 세액공제가 크기 때문이다. 해리스가 대통령이 된다면 태양광 에너지를 사용하는 기업에 대한 혜택이 더욱 많아질 것으로 기대된다. 하지만 태양광 발전이 확대된다고 해서 아무 태양광 패널이나 쓰게 하는 것은 아니다. 민주당은 철저하게 미국의 영토 안에서 생산된 태양광 패널 산업을 쓰도록 할 전망이다.

이에 가장 열심히 대응하고 있는 곳이 한화솔루션이다. 해리스는 2023년 4월에 조지아 주 달튼에 위치한 한화솔루션 태양광 모듈 공장을 직접 방문한 바 있다. 이는 해리스가 부통령 재임 기간 중 공식 방문한 유일한 한국 사업장이라는 점에서 의미가 있다. 실제 해리스가 대통령에 당선되면 어떤 기업에게 혜택이 갈지 미리 보여줬다고 해석할 수도 있기 때문이다.

게다가 한화솔루션은 2025년부터 2032년까지 마이크로소프트와 총 12기가와트 규모의 태양광 모듈 장기 공급계약을 체결했다. 또 메타의 전력 공급을 담당하는 태양광 에너지 저장 장치의 복합단지도 완공했다. 현재 한화솔루션은 콜로라도주 웰드카운티에서 축구장 790개 크기에 맞먹는 대규모 부지에 54만 개 이상의 태양광 모듈을 공급하는 대규모 태양광 발전소를 건설하고 있다.

다만 한화솔루션의 실적이 별로 좋지 않다는 점은 부담이다. 한화솔루션은 2024년 2분기에 영업손실 1,078억 원을 기록했고 순손실은 3,298억 원에 달했다. 연이은 미국 수주에도 불구하고 적자가 났다는 것은 수익성에 대한 의구심이 들게 하는 대목이다.

한화솔루션 외에 중소형 태양광 관련주로는 HD현대에너지솔루션, 금양그린파워, 대명에너지, SDN 등이 있다. 하지만 미국에서 태양광 사업을 직접 하지 않는 이상, 태양광 관련주들은 오히려 미중 갈등의 피해를 입을 수 있다는 점에 주의해야 한다. 중국산 태양광 패널에 높은 관세가 매겨짐으로써 미국 수출이 어려워지면 다른 국가에 저가로 수출할 수도 있기 때문이다. 그렇게 되면 태양광 패널의 가격이 전체적으로 내려가면서 사업성이 나빠질 가능성이 있다.

돌아라 바람개비, 풍력발전

■ ■

풍력발전도 해리스가 당선되면 대표적으로 수혜를 입게 될 업종 중의 하나이다. 풍력발전은 트럼프와 극명한 대비를 보이는 분야이기도 한데, 트럼프는 임기 첫날 행정명령을 통해 해상 풍력발전 프로젝트를 중지하겠다고 밝히기도 했다. 트럼프는 2024년 5월 11일 뉴저지 해변에서 열린 집회에서 해상풍력 프로젝트가 조류와 고래에게 치명적이라고 비판했다. 하지만 민주당은 탈 탄소와 신재생에너지에 매우 긍정적이기 때문에, 해리스가 당선된다면 해상풍력 산업도 계속해서 성장할 전망이다.

미국에서 해상풍력 관련 사업을 하고 있는 기업은 씨에스윈드이다. 씨에스윈드는 풍력타워 제조를 주업으로 하는 기업으로, 미국과 유럽의 풍력타워 설치 증가로 2024년 2분기 영업이익 1,303억 원을 기록하며 사상 최대를 기록했다. 동국S&C의 기세도 매섭다. 동국S&C는 베스타스, 지멘스, GE Wnid 등 글로벌 풍력 업체를 주요 고객사로 둔 풍력타워 기업으로, 2024년 2분기 매출은 전년 대비 46% 급증한 1,343억 원을 기록했고, 영업이익은 98억 원으로 전년 대비 흑자 전환하며 어닝 서프라이즈를 보였다. 기대감은 높지만, 실적은 다소 아쉬운 태양광에 비해 풍력은 확실히 숫자로 입증되고 있다는 점에 주목할 만하다.

몸 낮춘 2차전지들

■ ■

　현재 각국의 전기차 업체들은 전기차 생산을 줄이고 있는 추세이다. 아우디는 Q8이트론을 생산하는 벨기에 공장의 폐쇄 절차에 돌입했다. 미국 완성차 업체 스텔란티스는 이탈리아 미라피오리 공장에서 전기차 생산을 중단했다. 미국의 포드는 캐나다 온타리오 공장에서 전기차 대신 베스트셀러인 F-시리즈 픽업트럭을 생산할 계획이다. GM은 미국 미시간주 오리온 공장에서 생산하던 전기 픽업트럭 쉐보레 실버라도EV 생산을 2026년 중반으로 연기한다고 밝혔다.

　이렇게 완성차 업체들이 전기차 생산을 줄이자 자연스럽게 배터리 업계도 공장 건설을 중단하고 있다. LG에너지솔루션과 GM의 합작법인 얼티엄셀즈가 미국에 건설 중인 제3공장의 건설도 일시 중단됐다. 그동안 IRA의 혜택을 보기 위해 미국에 공격적으로 배터리 생산 시설을 짓던 업계가 주춤하는 모습이다. 이들은 트럼프 당선으로 인한 리스크를 최소화하기 위해 일단 몸을 낮추고 상황을 지켜보는 쪽을 선택했다.

그러나 해리스가 대통령이 되면 바이든 행정부의 전기차 보조금 제도를 그대로 유지할 것이기 때문에, 배터리 업계에는 좋은 소식이 될 것이다. 해리스가 대통령에 당선된다면 불확실성이 제거되므로 배터리 업계는 한시름 덜 것으로 예상된다. 한국의 대표적인 2차 전지 관련주로는 에코프로, 에코프로비엠 등이 있는데 이런 대표주들이 반등을 해야 나머지 수많은 배터리 업체들도 따라갈 수 있는 상황이다.

지금까지 해리스가 미국 대통령에 당선될 경우 수혜주가 될 종목들을 살펴보았다. 사실 해리스는 바이든 시절의 정책을 상당 부분 계승할 것으로 보이기 때문에 신재생 에너지나 전기차 관련주도 당연히 수혜가 예상된다. 하지만 이번 미국 대선은 '백인 남성 대 소수 인종 여성'의 대결 구도이기 때문에, 여기에서 나오는 이슈들의 파급력이 훨씬 더 클 것이다. 지난 대선에서는 바이든과 트럼프가 둘 다 백인 남성이었기 때문에 정책을 통한 대결이 중요했다면, 이번에는 분명히 차이가 있다. 지금까지 살펴본 해리스 관련주를 정리하면 다음과 같다.

■ 종목 정리 ■

테마	종목	내용
대마 합법화	우리바이오 오성첨단소재 화일약품 엔에프씨 한국비엔씨 애머릿지	대마 관련 상용화 연구
낙태 합법화	현대약품 명문제약	사후피임약 판매
인맥	iMBC	개인적 친분
태양광	한화솔루션	미국에서 직접 사업
풍력	씨에스윈드, 동국 S&C	미국 해상풍력 산업 성장
2차전지	에코프로, 에코프로 비엠 등	IRA 혜택 지속

해리스와 상극인 업종들

■ ■

　그렇다면 해리스가 대통령에 당선될 경우 피해가 예상되는 테마는 어떤 것일까? 하나씩 살펴보도록 하자.

❶ 남북경협주

　바이든 대통령 시절 미국은 북한과 일정한 거리를 두면서 사실상 방관하다시피 했다. 임기 내내 러시아와 우크라이나의 전쟁, 이스라엘과 하마스의 전쟁 등이 계속 터지기도 했지만, 사실 민주당은 원래 북한에 그다지 관심이 없다. 오바마 전 대통령 시절에도 미국은 '전략적 인내'라는 대북정책을 펼치면서 북한이 핵실험을 해도 별다른 조치를 하지 않았다. 그런 미국과 북한의 관계를 극적으로 반전시킨 것이 트럼프였다. 세 번에 걸친 북미정상회담으로 깜짝 반전을 시도했던 트럼프는 비록 회담에서 얻은 것은 없었으나 남북경협주에 큰 기대감을 불어넣었다.

해리스는 북한에 대해 기존의 원칙을 고수하고 있는 것으로 알려졌다. 해리스는 과거 2022년 9월 트럼프가 판문점을 방문해 김정은 위원장과 회담을 했는데도 아무런 성과가 없었다며 비판하기도 했다. 또한 북한의 핵 보유를 인정할 수 없다는 스탠스를 취하고 있다. 결국 해리스가 대통령이 되면 미국의 대북정책은 바이든 시절과 비슷하게 흘러갈 가능성이 높다.

❷ 우크라이나 재건주

바이든 대통령이 우크라이나에 엄청난 무기 지원을 했던 것처럼 해리스도 우크라이나에 계속적인 지원을 해야 한다는 입장이다. 해리스는 2024년 초 뮌헨에서 열린 안보회의에서 러시아의 우크라이나 침공을 비난하고, 나토조약 제5조에 명시된 집단방위의 요건을 미국이 지키겠다고 약속하는 연설을 하기도 했다.

이런 배경에서 볼 때 해리스가 당선되면 우크라이나 전쟁은 미국과 유럽의 무기 지원을 받아 계속될 가능성이 높다. 그렇게 되면 현재 우크라이나 정부나 업체들과 MOU를 맺고 재건사업을 준비 중인 기업들의 성과는 기약 없이 늦춰지게 될 것이다.

❸ 가상화폐 관련주

해리스는 가상화폐에 대해 조심스럽게 접근하는 입장이다. 이는 가상화폐의 위험성을 경계하는 바이든 행정부와 비슷한 정책 기조로, 가상화폐는 범죄에 악용될 수 있고 사기가 많기 때문에 규제를 해야 한다는 입장이다.

물론 가상화폐를 아예 금지해야 한다는 극단적 입장은 아니지만, 트럼프에 비해서는 확실히 덜 적극적이다. 트럼프 당선에 대한 기대감으로 가상화폐 시세가 과도하게 상승할 경우, 기대와는 달리 해리스가 당선된다면 상승세에 찬물을 끼얹을 수 있다.

❹ 석유에너지 관련주

해리스는 철저하게 탈 탄소 정책을 지지하기 때문에 석유에너지와 관련된 기업들은 타격을 받을 수 있다. 현재 바이든 행정부가 실시하고 있는 각종 규제가 풀리지 않은 채 계속 이어질 가능성이 높아, 석유에너지 산업은 침체의 길을 걸을 수 있다.

제4장
그리고 중국

아무나 이겨라

■ ■

앞에서 살펴본 것처럼 트럼프와 해리스는 하나부터 열까지 모든 부분에서 반대이다. 과거 '바이든 대 트럼프' 구도보다 양 진영의 차이점이 훨씬 선명하게 드러나기 때문에 투자자에게는 큰 기회가 될 수 있다. 하지만 방향을 반대로 예측할 경우는 큰 위험에 빠질 수도 있다.

그렇다면 안정적인 성과를 추구하는 투자자들은 양극단의 리스크가 있는 미국 대선 관련주들을 마냥 외면해야 할까? 인종과 성별의 차이만큼이나 추구하는 정책의 방향성도 정반대인 이들이 일치하는 지점은 없을까? 다시 말해서, 누가 대통령이 되든 수혜를 입을 수 있는 종목은 없을까?

누가 이기는지에 따라서 천당과 지옥을 오가고 싶지 않다면 눈을 들어 중국을 바라보자. 트럼프와 해리스가 드물게 일치하는 부분이 바로 중국에 대한 태도이다. 중국을 견제해야 한다는 것만큼은 둘 다 일치된 견해를 보이기 때문에 이와 관련한 업종은 어떤 경우에도 수혜를 입을 가능성이 크다.

트럼프가 대통령 재임 당시 중국산 물품에 대한 관세를 대폭 인상하면서 무역전쟁을 벌인 이후 바이든 대통령도 그 기조를 물려받아 유지하고 있다. 해리스도 바이든의 외교정책 기조를 이어받을 것이 유력한 가운데, 중국에 대한 미국의 압박은 계속될 것으로 보인다. 그렇다면 구체적으로 어떤 정책들이 예상되고 있을까?

생물보안법과 바이오산업

■ ■

　지금까지 중국에 대한 미국의 견제는 전기차, 철강, 알루미늄, 태양광 패널 등 비교적 중공업에 속하는 산업에서 이루어져 왔다. 거래되는 금액 단위가 큰 제품들부터 관세를 올려야 타격이 있기 때문이다. 하지만 이제는 의약품 쪽에서도 견제가 시작될 조짐이 보인다. 그것이 바로 미국에서 법안 통과를 기다리고 있는 생물보안법(Biosecure Act)이다.

　생물보안법의 핵심은 미국인들의 건강 정보를 보호하기 위해 중국의 바이오 기업들과 거래하는 것을 금지하는 것이다. 현재 중국에는 수많은 CRO(Contract Research Organization, 임상수탁) 기업들과 CDMO(Contract Development and Manufacturing Organization, 위탁개발생산) 기업들이 있는데, 이들 중 생물보안법에서 우려 대상 기업으로 지정된 기업들은 법안 통과를 저지하기 위해 로비 금액을 늘리고 있다. 예를 들어 CDMO 분야 글로벌 3위 기업인 우시바이오로직스는 2023년 3분기부터 매 분기 4만 달러씩 로비에 지출하다가, 2024년 2분기에는 16만 5,000달러로 네 배 이상 로비 금액을 늘렸다.

하지만 중국 바이오 기업들의 전방위적 로비에도, 생물보안법은 통과될 가능성이 높다. 공화당과 민주당이 함께 발의한 법안이기 때문이다. 생물보안법은 하원과 상원의 상임위원회를 통과할 때도 양당의 지지를 함께 받았다.

생물보안법이 실행될 경우 중국 바이오 기업들이 생산한 제품은 2032년 1월 1일부터 미국 시장에서 퇴출된다. 그렇게 되면 한국의 바이오 기업들이 수혜를 입을 수 있다는 기대감이 커지고 있다. 한국의 CDMO 기업인 삼성바이오로직스, 프레스티지바이오로직스, 바이넥스, 에이프로젠바이오로직스, 에스티팜 등이 중국에서 생산하던 의약품을 위탁생산할 수 있는 후보로 거론되고 있다.

물론 생물보안법이 언제 최종적으로 통과될지 알수 없는 상황에서 기대감 만으로 주가가 먼저 상승하는 것은 선반영의 성격이 강하다. 생물보안법이 통과된다 하더라도 실제 중국산 의약품이 퇴출되는 시기는 2032년부터이므로 다소 시간이 남아 있다.

게다가 중국 기업을 대신하는 것이 반드시 한국 기업이라는 법도 없다. 하지만 생물보안법이 통과된 이후 산업의 방향은 중국 기피 쪽으로 나타날 것이 분명하므로 한국 기업들에게 새로운 기회가 될 것은 확실하다. 다만 법안 통과 이전에는 CDMO 기업에 속하기만 하면 일단 주가가 상승하겠지만, 통과 이후에는 실제 수주 실적에 따라서 옥석이 가려질 것이다.

유행 지난 희토류

■ ■

　원래 미중 갈등이 심화되면 한국증시에서 단골로 상승했던 종목은 희토류 관련주들이었다. 희토류란 생산량이 극히 적지만 산업에서 중요하게 쓰이는 광물질을 묶어서 이르는 말이다. 초강력 자석을 만드는 데 사용되는 네오디뮴과 프라세오디뮴, 적외선을 흡수하는 성질이 있는 사마륨, 알루미늄이나 마그네슘 합금에 사용되는 란타늄, 자외선을 흡수하는 성질이 있는 세륨 등 총 17종의 원소가 희토류로 분류된다.

　전 세계 희토류 공급량에서 중국이 차지하는 비중은 절대적이다. 그래서 미국이 대중국 관세를 올리거나 중국이 희토류 수출을 통제한다는 등의 뉴스가 나오면 한국에서는 관련주들이 단기적으로 뛰곤 했다.

대표적인 한국의 희토류 관련주는 유니온과 유니온머티리얼이 있다. 하지만 이 종목들은 실제 수혜주라기보다는 테마주이기 때문에 급등했다가도 금세 제자리로 돌아가는 패턴을 반복하고 있다.

과거에 미중 무역 갈등이 본격화되기 시작했을 때는 중국이 희토류의 수출을 통제하고 무기화하면 당장이라도 큰일이 날 것처럼 호들갑을 떨었다. 하지만 5년이 넘도록 희토류 때문에 큰일이 일어나지는 않고 있다. 또 희토류 관련주들이 트럼프의 대통령 재임 기간에 딱히 이득을 본 것도 없기 때문에 사실상 희토류 테마의 수명은 다했다고 봐야 한다.

그럼에도 굳이 테마주가 아닌 실제 희토류 수혜주를 찾아보자면 LS에코에너지 정도가 있다. 베트남에서 대규모 희토류 산화물을 확보하고 희토류 금속공장을 건설하기 때문이다. 베트남은 중국에 이어 세계 2위의 희토류 매장량을 가지고 있기 때문에 탈 중국 공급망을 갖출 수 있다는 것이다. 이 사업이 본격화되면 실제 탈 중국 희토류 관련 매출이 발생할 전망이다.

마치며

복습을 위한 퀴즈

■ ■

　지금까지 트럼프와 해리스가 당선되었을 때 각각의 수혜주와 피해주에 대해서 살펴보았다. 대부분의 책은 여기서 끝나게 마련이다. 하지만 나는 중간고사, 기말고사에 퀴즈까지 내 학생들이 배운 내용에 대해 얼마나 이해하고 있는지를 봐야 직성이 풀리는 스타일이다. 그래서 지금까지 읽은 내용이 헛되지 않도록 문제를 풀면서 복습하는 시간을 가져보려 한다.

　트럼프가 대통령이 되면 가상화폐 분야가 좋다는 것은 알겠는데, 막상 그 수혜주의 이름을 모르면 투자를 할 수가 없다. 특히 생소한 이름의 종목은 반복 학습을 통해 익히는 것밖에 방법이 없다. 또한 단순히 이름만 외울 것이 아니라, 왜 관련주인지도 제대로 알아야 나중에 뉴스가 나왔을 때 정확하게 대응할 수가 있다. 복습하는 느낌으로 차분히 풀다 보면 자연스럽게 내용이 기억에 남을 것이다.

문제1 다음 중 트럼프가 대통령이 되었을 때 수혜를 입는 업종이 아닌 것은?

① 방산 분야
② 배터리 분야
③ 가상화폐 분야
④ 조선 분야

문제2 다음 중 방산 관련주가 아닌 것은?

① 한화에어로스페이스
② LIG넥스원
③ 현대오토에버
④ 코츠테크놀로지

문제3 다음 중 가상화폐 관련주가 아닌 것은?

① 우리기술투자
② 티사이언티픽

③ 한화투자증권

④ 비트컴퓨터

문제4 다음 중 우크라이나 재건주에 속하지 않는 것은?

① 디와이디

② 에스와이

③ SG글로벌

④ 다산네트웍스

문제5 다음 중 방산주와 관련 무기가 잘못 짝지어진 것은?

① 한화에어로스페이스 – K9

② 현대로템 – K2

③ 한국항공우주 – FA-50

④ LIG넥스원 – 천무 다연장로켓

문제6 다음 중 방산주와 관련 무기가 잘못 짝지어진 것은?

① 빅텍 – K9

② 코츠테크놀로지 – 천궁-II

③ 우리기술 – K2

④ 웨이브일렉트로 – 천궁-II

다음은 북한과 경협사업을 했던 기업들의 관련주이다. 사업의 내용이 잘못 짝지어진 것은?

① 일신석재 – 평화자동차 공동 운영

② 아난티 – 개성공단 입주

③ 현대엘리베이 – 금강산 관광

④ 인디에프 – 개성공단 입주

트럼프가 AI 산업을 부흥시키겠다고 하자 AI 연구와 운영에 필요한 전력 관련주가 주목받고 있다. 다음 중 전력 관련주가 아닌 것은?

① 효성중공업

② LS에코에너지

③ 대한전선

④ 신일전자

다음 중 조선주와 생산하는 기자재가 잘못 짝지어진 것은?

① 동방선기 – LNG 보냉재

② 대양전기공업 – 선박용 조명

③ 케이에스피 – 선박용 엔진밸브

④ 일승 – 선박 분뇨처리 장치, 스크러버

문제10 다음 중 해리스가 대통령에 당선될 경우 수혜를 보는 업종이 아닌 것은?

① 태양광 발전 관련주

② 낙태 관련주

③ 남북경협주

④ 대마 관련주

문제11 다음 중 대마 관련주와 그 이유가 잘못 짝지어진 것은?

① 우리바이오 – 카나비스메디칼 지분 보유

② 오성첨단소재 – 카나비스메디칼 지분 보유

③ 엔에프씨 – CBD 고순도 정제법 특허 출원

④ 애머릿지 – 미국 카나비스 제품 판매

문제12 다음 중 임신중절 의약품 미프지미소를 국내에서 판매하기 위해 식약처 품목허가를 신청 및 대기하고 있는 기업은?

① 삼성제약

② 명문제약

③ 부광약품

④ 현대약품

문제13 다음 중 사후피임약 시장점유율 1위를 기록하고 있는 기업은?

① 명문제약

② 현대약품

③ 동성제약

④ 일양약품

문제14 다음 중 트럼프와 해리스 누가 대통령이 되어도 수혜가 예상되는 업종은?

① 석유에너지 분야

② 바이오 분야

③ 가상화폐 분야

④ 우크라이나 재건 분야

문제15 다음 중 한국의 CDMO 기업이 아닌 것은?

① 삼성바이오로직스

② 바이넥스

③ 우시바이오로직스

④ 프레스티지바이오로직스

[문제1 정답] ② 배터리 분야

배터리 관련주는 대표적인 트럼프 피해 업종이다. 트럼프는 여러 가지 이유로 전기차 확대를 반대하고 있으며, 당선되면 임기 첫날부터 전기차 의무화를 폐지하겠다고 공언한 바 있다.

[문제2 정답] ③ 현대오토에버

현대오토에버는 현대차그룹의 소프트웨어를 담당하는 계열사로 방산과는 무관하다. 현대차그룹에서 방산을 담당하고 있는 곳은 현대로템이다.

[문제3 정답] ④ 비트컴퓨터

비트컴퓨터는 이름과 달리 헬스케어 전문업체로 비트코인과는 무관하다. 우리기술투자와 한화투자증권은 업비트 관련주, 티사이언티픽은 빗썸 관련주이다.

[문제4 정답] ③ SG글로벌

SG글로벌은 자동차 부품을 만드는 기업으로 우크라이나 재건과는 무관하다. 이름이 비슷한 SG가 우크라이나와 아스콘 현지 생산을 추진하고 있어 우크라이나 재건 관련주로 분류된다. SG와 SG글로벌은 전혀 무관한 회사이기 때문에 헷갈리지 않도록 주의해야 한다.

[문제5 정답] ④ 천무 다연장로켓

천무 다연장로켓은 K9과 함께 한화에어로스페이스의 대표적인 무기이다. LIG넥스원의 대표적인 무기는 천궁-II이다.

[문제6 정답] ① 빅텍

빅텍은 현대로템에 K2 전차의 핵심 부품을 납품하는 방산주다. 다만 빅텍은 한국증시에서 무기 수출 실적보다는 북한 도발에 더 많이 반응하는 특징을 가지고 있다.

[문제7 정답] ② 아난티

아난티는 개성공단 입주 기업이 아니라 금강산에 골프장을 운영했던 금강산 관광 관련주이다. 아난티 금강산 골프장은 현재 폐쇄되었다.

[문제8 정답] ④ 신일전자

신일전자는 선풍기, 히터, 밥솥 등을 만드는 가전제품 회사로 전력 생산과는 무관하다.

마치며

[문제9 정답] ① 동방선기

방선기는 선박용 배관을 만드는 기업이다. LNG 보냉재를 만드는 곳은 한국카본과 동성화인텍이다.

[문제10 정답] ③ 남북경협주

해리스는 북한 문제에 대해 원칙주의자로 알려져 있다. 북한이 비핵화를 하지 않는다면 대화할 용의도 없어 보인다. 이는 미국 민주당의 외교정책 기조이기도 하다.

[문제11 정답] ① 우리바이오

우리바이오는 마약류 취급 학술연구자 승인을 취득하여 공식적으로 대마 연구가 가능한 기업이지만, 카나비스메디칼과는 무관하다. 카나비스메디칼 지분을 보유한 곳은 오성첨단소재와 화일약품이다.

[문제12 정답] ④ 현대약품

현대약품은 미프지미소를 생산하는 라인파마 인터내셔널과 한국 독점 판권 계약을 체결했다. 현재는 식약처에 품목허가를 신청해놓은 상태이다.

[문제13 정답] ② 현대약품

현대약품은 사후피임약 엘라원과 노레보원을 판매중이며, 이들이 시장점유율 1위를 기록하고 있다.

[문제14 정답] ② 바이오 분야

현재 미국에서 법안 통과를 기다리는 생물보안법은 공화당과 민주당 모두 초당적 지지를 보내고 있다. 생물보안법이 통과되면 중국 바이오 기업들이 주춤하면서 상대적으로 한국 바이오 기업들의 수혜가 예상된다.

[문제15 정답] ③ 우시바이오로직스

우시바이오로직스는 중국의 CDMO 기업이다. 글로벌 3위 규모를 갖춘 우시바이오로직스는 생물보안법에서 지정한 우려 대상 기업으로, 생물보안법 통과를 막기 위해 로비 금액을 대폭 늘린 바 있다.

트럼프 vs 해리스:
미국 대선 관련주 투자 가이드

1판 1쇄	2024년 9월 9일
ISBN	979-11-90877-90-9 (03300)
지은이	효라클(김성효)
발행인	신동익
기획위원	임효진
편집	송혜진
디자인	우주상자
발행처	(주)아이티씨온
출판등록	2019년 2월 7일, 제 563-2019-000022호
주소	경기도 용인시 기흥구 동백중앙로 191
팩스	02-6919-1886

◀ 독자설문

더 나은 책을 만들기 위한
독자설문에 참여하시면
추첨을 통해 선물을 드립니다.
(당첨자 발표는 매월 말 개별 연락)

◀ 커뮤니티

네이버카페에 방문하시면
출간 정보 확인, 이벤트, 원고투고,
소모임 활동, 전문가 칼럼 등
다양한 체험이 가능합니다.